我们是图书出版者，更是人文社会科学内容资源供应商；

我们背靠中国社会科学院，面向中国与世界人文社会科学界，坚持为人文社会科学的繁荣与发展服务；

我们精心打造权威信息资源整合平台，坚持为中国经济与社会的繁荣与发展提供决策咨询服务；

我们以读者定位自身，立志让爱书人读到好书，让求知者获得知识；

我们精心编辑、设计每一本好书以形成品牌张力，以优秀的品牌形象服务读者，开拓市场；

我们始终坚持“创社科经典，出传世文献”的经营理念，坚持“权威、前沿、原创”的产品特色；

我们“以人为本”，提倡阳光下创业，员工与企业共享发展之成果；

我们立足于现实，认真对待我们的优势、劣势，我们更着眼于未来，以不断的学习与创新适应不断变化的世界，以不断的努力提升自己的实力；

我们愿与社会各界友好合作，共享人文社会科学发展之成果，共同推动中国学术出版乃至内容产业的繁荣与发展。

社会科学文献出版社社长

中国社会学会秘书长

2016 年 1 月

社会科学文献出版社成立于1985年，是直属于中国社会科学院的人文社会科学专业学术出版机构。

成立以来，特别是1998年实施第二次创业以来，依托于中国社会科学院丰厚的学术出版和专家学者两大资源，坚持“创社科经典，出传世文献”的出版理念和“权威、前沿、原创”的产品定位，社科文献立足内涵式发展道路，从战略层面推动学术出版五大能力建设，逐步走上了智库产品与专业学术成果系列化、规模化、数字化、国际化、市场化发展的经营道路。

先后策划出版了著名的图书品牌和学术品牌“皮书”系列、“列国志”、“社科文献精品译库”、“全球化译丛”、“全面深化改革研究书系”、“近世中国”、“甲骨文”、“中国史话”等一大批既有学术影响又有市场价值的系列图书，形成了较强的学术出版能力和资源整合能力。2015年社科文献出版社发稿5.5亿字，出版图书约2000种，承印发行中国社科院院属期刊74种，在多项指标上都实现了较大幅度的增长。

凭借着雄厚的出版资源整合能力，社科文献出版社长期以来一直致力于从内容资源和数字平台两个方面实现传统出版的再造，并先后推出了皮书数据库、列国志数据库、“一带一路”数据库、中国田野调查数据库、台湾大陆同乡会数据库等一系列数字产品。数字出版已经初步形成了产品设计、内容开发、编辑标引、产品运营、技术支持、营销推广等全流程体系。

在国内原创著作、国外名家经典著作大量出版，数字出版突飞猛进的同时，社科文献出版社从构建国际话语体系的角度推动学术出版国际化。先后与斯普林格、博睿、牛津、剑桥等十余家国际出版机构合作面向海外推出了“皮书系列”“改革开放30年研究书系”“中国梦与中国发展道路研究丛书”“全面深化改革研究书系”等一系列在世界范围内引起强烈反响的作品；并持续致力于中国学术出版走出去，组织学者和编辑参加国际书展，筹办国际性学术研讨会，向世界展示中国学者的学术水平和研究成果。

此外，社科文献出版社充分利用网络媒体平台，积极与中央和地方各类媒体合作，并联合大型书店、学术书店、机场书店、网络书店、图书馆，逐步构建起了强大的学术图书内容传播平台。学术图书的媒体曝光率居全国之首，图书馆藏率居于全国出版机构前十位。

上述诸多成绩的取得，有赖于一支以年轻的博士、硕士为主体，一批从中国社科院刚退出科研一线的各学科专家为支撑的300多位高素质的编辑、出版和营销队伍，为我们实现学术立社，以学术品位、学术价值来实现经济效益和社会效益这样一个目标的共同努力。

作为已经开启第三次创业梦想的人文社会科学学术出版机构，我们将以改革发展为动力，以学术资源建设为中心，以构建智慧型出版社为主线，以“整合、专业、分类、协同、持续”为各项工作指导原则，全力推进出版社数字化转型，坚定不移地走专业化、数字化、国际化发展道路，全面提升出版社核心竞争力，为实现“社科文献梦”奠定坚实基础。

权威·前沿·原创

SSAP

社会科学文献出版社

# 皮书系列

2016年

盘点年度资讯　预测时代前程

社会科学文献出版社 学术传播中心 编制

# 经 济 类

经济类皮书涵盖宏观经济、城市经济、大区域经济，
提供权威、前沿的分析与预测

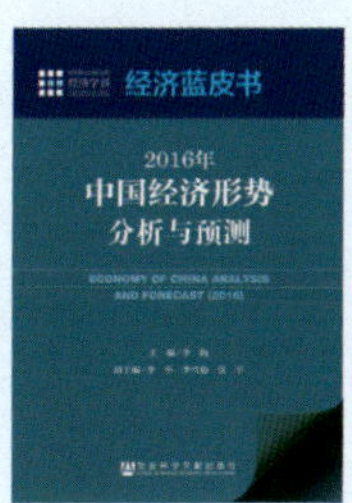


## 经济蓝皮书

### 2016 年中国经济形势分析与预测

李　扬 / 主编　　2015 年 12 月出版　　定价 :79.00 元

◆　本书为总理基金项目，由著名经济学家李扬领衔，联合中国社会科学院等数十家科研机构、国家部委和高等院校的专家共同撰写，系统分析了 2015 年的中国经济形势并预测 2016 年我国经济运行情况。

## 世界经济黄皮书

### 2016 年世界经济形势分析与预测

王洛林　张宇燕 / 主编　　2015 年 12 月出版　　定价 :79.00 元

◆　本书由中国社会科学院世界经济与政治研究所的研究团队撰写，2015 年世界经济增长继续放缓，增长格局也继续分化，发达经济体与新兴经济体之间的增长差距进一步收窄。2016 年世界经济增长形势不容乐观。

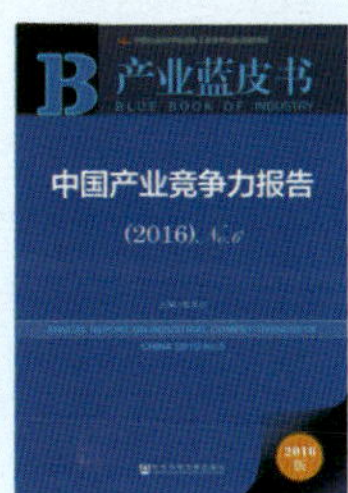


## 产业蓝皮书

### 中国产业竞争力报告（2016）NO.6

张其仔 / 主编　　2016 年 12 月出版　　定价 :98.00 元

◆　本书由中国社会科学院工业经济研究所研究团队在深入实际、调查研究的基础上完成。通过运用丰富的数据资料和最新的测评指标，从学术性、系统性、预测性上分析了 2015 年中国产业竞争力，并对未来发展趋势进行了预测。

## G20 国家创新竞争力黄皮书

### 二十国集团（G20）国家创新竞争力发展报告（2016）

李建平　李闽榕　赵新力 / 主编　　2016 年 11 月出版　估价 :138.00 元

◆　本报告在充分借鉴国内外研究者的相关研究成果的基础上，紧密跟踪技术经济学、竞争力经济学、计量经济学等学科的最新研究动态，深入分析 G20 国家创新竞争力的发展水平、变化特征、内在动因及未来趋势，同时构建了 G20 国家创新竞争力指标体系及数学模型。

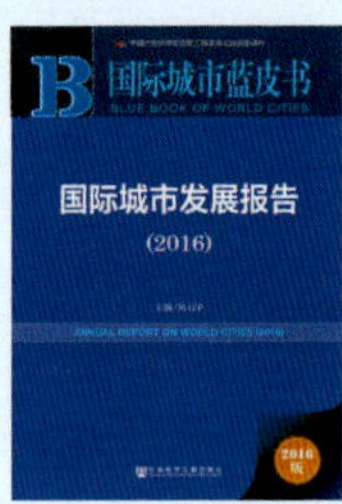

## 国际城市蓝皮书

### 国际城市发展报告（2016）

屠启宇 / 主编　　2016 年 2 月出版　　定价 :79.00 元

◆　本书作者以上海社会科学院从事国际城市研究的学者团队为核心，汇集同济大学、华东师范大学、复旦大学、上海交通大学、南京大学、浙江大学相关城市研究专业学者。立足动态跟踪介绍国际城市发展实践中，最新出现的重大战略、重大理念、重大项目、重大报告和最佳案例。

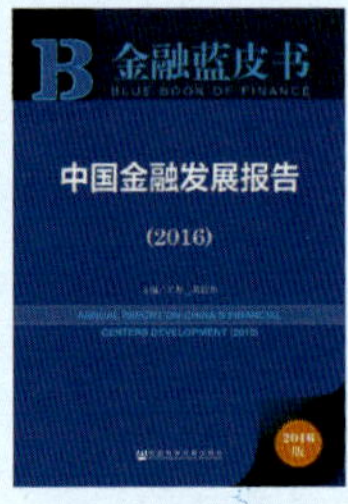

## 金融蓝皮书

### 中国金融发展报告（2016）

李　扬　王国刚 / 主编　2015 年 12 月出版　定价 :79.00 元

◆　本书由中国社会科学院金融研究所组织编写，概括和分析了 2015 年中国金融发展和运行中的各方面情况，研讨和评论了 2015 年发生的主要金融事件。本书由业内专家和青年精英联合编著，有利于读者了解掌握 2015 年中国的金融状况，把握 2016 年中国金融的走势。

## 农村绿皮书

### 中国农村经济形势分析与预测（2015 ~ 2016）

中国社会科学院农村发展研究所　国家统计局农村社会经济调查司 / 著
2016 年 4 月出版　估价 :69.00 元

◆　本书描述了 2015 年中国农业农村经济发展的一些主要指标和变化，以及对 2016 年中国农业农村经济形势的一些展望和预测。

## 西部蓝皮书

### 中国西部发展报告（2016）

姚慧琴 徐璋勇 / 主编 2016 年 7 月出版 估价 :89.00 元

◆ 本书由西北大学中国西部经济发展研究中心主编，汇集了源自西部本土以及国内研究西部问题的权威专家的第一手资料，对国家实施西部大开发战略进行年度动态跟踪，并对 2016 年西部经济、社会发展态势进行预测和展望。

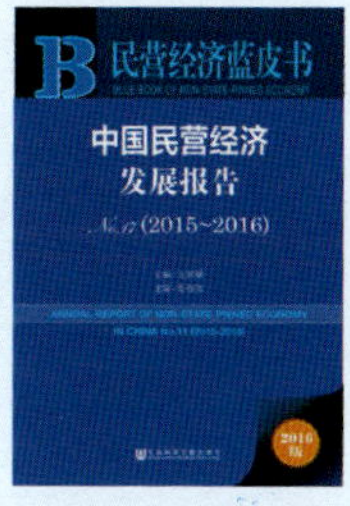

## 民营经济蓝皮书

### 中国民营经济发展报告 NO.12（2015 ~ 2016）

王钦敏 / 主编 2016 年 4 月出版 估价 :75.00 元

◆ 改革开放以来，民营经济从无到有、从小到大，是最具活力的增长极。本书是中国工商联课题组的研究成果，对 2015 年度中国民营经济的发展现状、趋势进行了详细的论述，并提出了合理的建议。是广大民营企业进行政策咨询、科学决策和理论创新的重要参考资料，也是理论工作者进行理论研究的重要参考资料。

## 经济蓝皮书夏季号

### 中国经济增长报告（2015 ~ 2016）

李 扬 / 主编 2016 年 8 月出版 估价 :69.00 元

◆ 中国经济增长报告主要探讨 2015~2016 年中国经济增长问题，以专业视角解读中国经济增长，力求将其打造成一个研究中国经济增长、服务宏微观各级决策的周期性、权威性读物。

## 中三角蓝皮书

### 长江中游城市群发展报告（2016）

秦尊文 / 主编 2016 年 10 月出版 估价 :69.00 元

◆ 本书是湘鄂赣皖四省专家学者共同研究的成果，从不同角度、不同方位记录和研究长江中游城市群一体化，提出对策措施，以期为将“中三角”打造成为继珠三角、长三角、京津冀之后中国经济增长第四极奉献学术界的聪明才智。

# 社会政法类

社会政法类皮书聚焦社会发展领域的热点、难点问题，
提供权威、原创的资讯与视点

## 社会蓝皮书

2016 年中国社会形势分析与预测

李培林　陈光金　张　翼 / 主编　2015 年 12 月出版　定价 :79.00 元

◆　本书由中国社会科学院社会学研究所组织研究机构专家、高校学者和政府研究人员撰写，聚焦当下社会热点，对 2015 年中国社会发展的各个方面内容进行了权威解读，同时对 2016 年社会形势发展趋势进行了预测。

## 法治蓝皮书

中国法治发展报告 NO.14（2016）

李　林　田　禾 / 主编　　2016 年 3 月出版　　定价 :118.00 元

◆　本年度法治蓝皮书回顾总结了 2015 年度中国法治发展取得的成就和存在的不足，并对 2016 年中国法治发展形势进行了预测和展望。

## 反腐倡廉蓝皮书

中国反腐倡廉建设报告 NO.6

李秋芳　张英伟 / 主编　2017 年 1 月出版　　估价 :79.00 元

◆　本书抓住了若干社会热点和焦点问题，全面反映了新时期新阶段中国反腐倡廉面对的严峻局面，以及中国共产党反腐倡廉建设的新实践新成果。根据实地调研、问卷调查和舆情分析，梳理了当下社会普遍关注的与反腐败密切相关的热点问题。

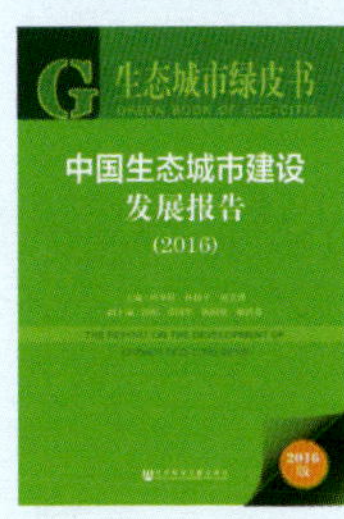

## 生态城市绿皮书

**中国生态城市建设发展报告（2016）**

刘举科　孙伟平　胡文臻 / 主编　2016 年 6 月出版　估价 :98.00 元

◆　报告以绿色发展、循环经济、低碳生活、民生宜居为理念，以更新民众观念、提供决策咨询、指导工程实践、引领绿色发展为宗旨，试图探索一条具有中国特色的城市生态文明建设新路。

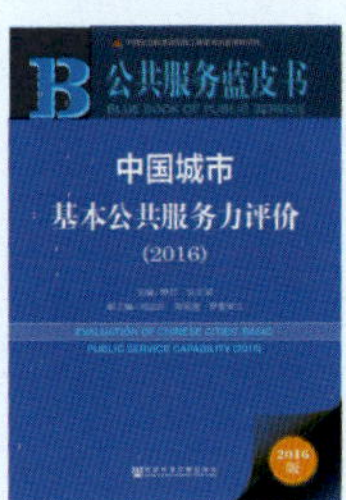

## 公共服务蓝皮书

**中国城市基本公共服务力评价（2016）**

钟　君　吴正杲 / 主编　2016 年 12 月出版　估价 :79.00 元

◆　中国社会科学院经济与社会建设研究室与华图政信调查组成联合课题组，从 2010 年开始对基本公共服务力进行研究，研创了基本公共服务力评价指标体系，为政府考核公共服务与社会管理工作提供了理论工具。

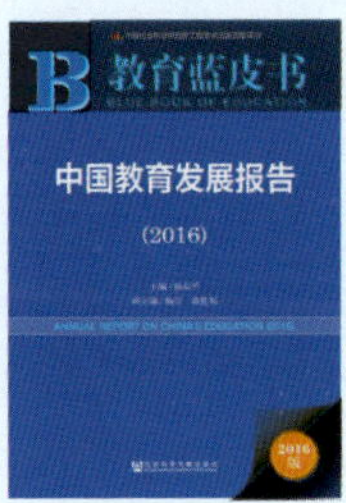

## 教育蓝皮书

**中国教育发展报告（2016）**

杨东平 / 主编　2016 年 4 月出版　定价 :79.00 元

◆　本书由国内的中青年教育专家合作研究撰写。深度剖析 2015 年中国教育的热点话题，并对当下中国教育中出现的问题提出对策建议。

## 生态文明绿皮书

**中国省域生态文明建设评价报告（ECI 2016）**

严耕 / 主编　2016 年 12 月出版　估价 :85.00 元

◆　本书基于国家最新发布的权威数据，对我国的生态文明建设状况进行科学评价，并开展相应的深度分析，结合中央的政策方针和各省的具体情况，为生态文明建设推进，提出针对性的政策建议。

# 行业报告类

行业报告类皮书立足重点行业、新兴行业领域，
提供及时、前瞻的数据与信息

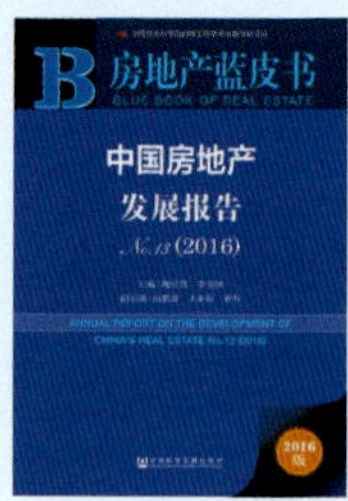


## 房地产蓝皮书

**中国房地产发展报告 NO.13（2016）**

魏后凯　李景国 / 主编　　2016 年 5 月出版　　估价 :79.00 元

◆　蓝皮书秉承客观公正、科学中立的宗旨和原则，追踪 2015 年我国房地产市场最新资讯，深度分析，剖析因果，谋划对策，并对 2016 年房地产发展趋势进行了展望。

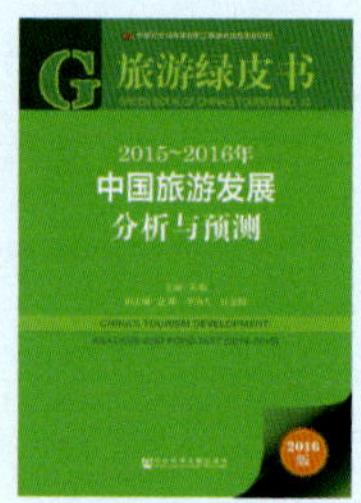


## 旅游绿皮书

**2015 ~ 2016 年中国旅游发展分析与预测**

宋　瑞 / 主编　　2016 年 4 出版　　定价 :89.00 元

◆　本书中国社会科学院旅游研究中心组织相关专家编写的年度研究报告，对 2015 年旅游行业的热点问题进行了全面的综述并提出专业性建议，并对 2016 年中国旅游的发展趋势进行展望。

## 互联网金融蓝皮书

**中国互联网金融发展报告（2016）**

李东荣 / 主编　　2016 年 8 月出版　　估价 :79.00 元

◆　近年来，许多基于互联网的金融服务模式应运而生并对传统金融业产生了深刻的影响和巨大的冲击，“互联网金融”成为社会各界关注的焦点。本书探析了 2015 年互联网金融的特点和 2016 年互联网金融的发展方向和亮点。

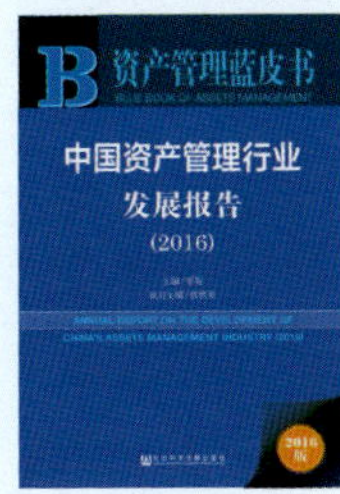

## 资产管理蓝皮书

### 中国资产管理行业发展报告（2016）

智信资产管理研究院 / 编著　2016 年 6 月出版　估价 :89.00 元

◆ 中国资产管理行业刚刚兴起，未来将中国金融市场最有看点的行业，也会成为快速发展壮大的行业。本书主要分析了 2015 年度资产管理行业的发展情况，同时对资产管理行业的未来发展做出科学的预测。

## 老龄蓝皮书

### 中国老龄产业发展报告（2016）

吴玉韶 党俊武 / 编著
2016 年 9 月出版　估价 :79.00 元

◆ 本书着眼于对中国老龄产业的发展给予系统介绍，深入解析，并对未来发展趋势进行预测和展望，力求从不同视角、不同层面全面剖析中国老龄产业发展的现状、取得的成绩、存在的问题以及重点、难点等。

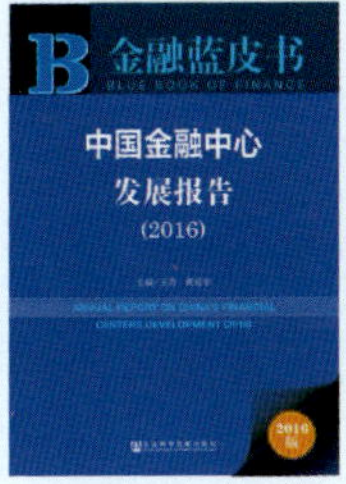

## 金融蓝皮书

### 中国金融中心发展报告（2016）

王 力 黄育华 / 编著　2017 年 11 月出版　估价 :75.00 元

◆ 本报告将提升中国金融中心城市的金融竞争力作为研究主线，全面、系统、连续地反映和研究中国金融中心城市发展和改革的最新进展，展示金融中心理论研究的最新成果。

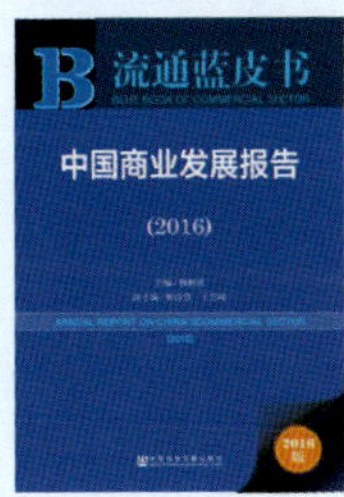

## 流通蓝皮书

### 中国商业发展报告（2016）

荆林波 / 编著　2016 年 5 月出版　估价 :89.00 元

◆ 本书是中国社会科学院财经院与利丰研究中心合作的成果，从关注中国宏观经济出发，突出了中国流通业的宏观背景，详细分析了批发业、零售业、物流业、餐饮产业与电子商务等产业发展状况。

# 国别与地区类

国别与地区类皮书关注全球重点国家与地区，
提供全面、独特的解读与研究

## 美国蓝皮书

美国研究报告（2016）

黄 平 郑秉文 / 主编 2016 年 7 月出版 估价 :89.00 元

◆ 本书是由中国社会科学院美国所主持完成的研究成果，它回顾了美国 2015 年的经济、政治形势与外交战略，对 2016 年以来美国内政外交发生的重大事件以及重要政策进行了较为全面的回顾和梳理。

## 拉美黄皮书

拉丁美洲和加勒比发展报告（2015~2016）

吴白乙 / 主编 2016 年 5 月出版 估价 :89.00 元

◆ 本书对 2015 年拉丁美洲和加勒比地区诸国的政治、经济、社会、外交等方面的发展情况做了系统介绍，对该地区相关国家的热点及焦点问题进行了总结和分析，并在此基础上对该地区各国 2016 年的发展前景做出预测。

## 日本经济蓝皮书

日本经济与中日经贸关系研究报告（2016）

王洛林 张季风 / 编著 2016 年 5 月出版 估价 :79.00 元

◆ 本书系统、详细地介绍了 2015 年日本经济以及中日经贸关系发展情况，在进行了大量数据分析的基础上，对 2016 年日本经济以及中日经贸关系的大致发展趋势进行了分析与预测。

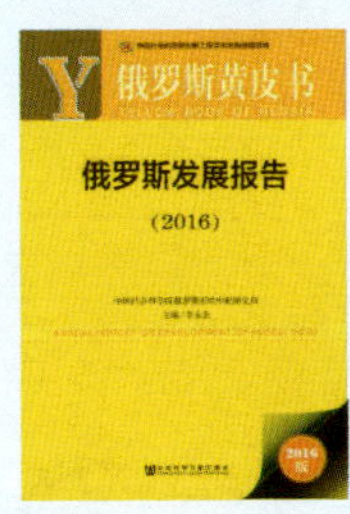

## 俄罗斯黄皮书

俄罗斯发展报告（2016）

李永全 / 编著　2016 年 7 月出版　估价 :79.00 元

◆　本书系统介绍了 2015 年俄罗斯经济政治情况，并对 2015 年该地区发生的焦点、热点问题进行了分析与回顾；在此基础上，对该地区 2016 年的发展前景进行了预测。

## 国际形势黄皮书

全球政治与安全报告（2016）

李慎明　张宇燕 / 主编　2015 年 12 月出版　定价 :69.00 元

◆　本书旨在对本年度全球政治及安全形势的总体情况、热点问题及变化趋势进行回顾与分析，并提出一定的预测及对策建议。作者通过事实梳理、数据分析、政策分析等途径，阐释了本年度国际关系及全球安全形势的基本特点，并在此基础上提出了具有启示意义的前瞻性结论。

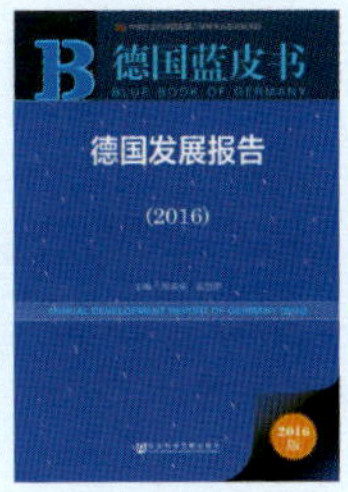

## 德国蓝皮书

德国发展报告（2016）

郑春荣　伍慧萍 / 主编　2016 年 6 月出版　估价 :69.00 元

◆　本报告由同济大学德国研究所组织编撰，由该领域的专家学者对德国的政治、经济、社会文化、外交等方面的形势发展情况，进行全面的阐述与分析。

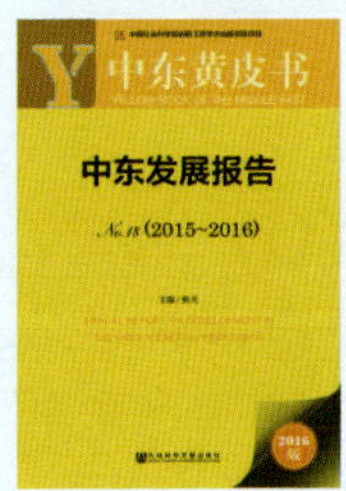

## 中东黄皮书

中东发展报告 NO.18（2015 ~ 2016）

杨光 / 主编　2016 年 10 月出版　估价 :89.00 元

◆　报告回顾和分析了一年来多以来中东地区政治经济局势的新发展，为跟踪中东地区的市场变化和中东研究学科的研究前沿，提供了全面扎实的信息。

# 地方发展类

地方发展类皮书关注中国各省份、经济区域，
提供科学、多元的预判与资政信息

## 北京蓝皮书

### 北京公共服务发展报告（2015~2016）

施昌奎 / 主编　2016 年 2 月出版　定价 :79.00 元

◆　本书是由北京市政府职能部门的领导、首都著名高校的教授、知名研究机构的专家共同完成的关于北京市公共服务发展与创新的研究成果。

## 河南蓝皮书

### 河南经济发展报告（2016）

河南省社会科学院 / 编著　2016 年 3 月出版　定价 :79.00 元

◆　本书以国内外经济发展环境和走向为背景，主要分析当前河南经济形势，预测未来发展趋势，全面反映河南经济发展的最新动态、热点和问题，为地方经济发展和领导决策提供参考。

## 京津冀蓝皮书

### 京津冀发展报告（2016）

文　魁　祝尔娟 / 编著　2016 年 4 月出版　估价 :89.00 元

◆　京津冀协同发展作为重大的国家战略，已进入顶层设计、制度创新和全面推进的新阶段。本书以问题为导向，围绕京津冀发展中的重要领域和重大问题，研究如何推进京津冀协同发展。

# 文化传媒类

文化传媒类皮书透视文化领域、文化产业，
探索文化大繁荣、大发展的路径

## 新媒体蓝皮书

### 中国新媒体发展报告 NO.7（2016）

唐绪军 / 主编　　2016 年 6 月出版　　估价 :79.00 元

◆　本书是由中国社会科学院新闻与传播研究所组织编写的关于新媒体发展的最新年度报告，旨在全面分析中国新媒体的发展现状，解读新媒体的发展趋势，探析新媒体的深刻影响。

## 移动互联网蓝皮书

### 中国移动互联网发展报告（2016）

官建文 / 编著　　2016 年 6 月出版　　估价 :79.00 元

◆　本书着眼于对中国移动互联网 2015 年度的发展情况做深入解析，对未来发展趋势进行预测，力求从不同视角、不同层面全面剖析中国移动互联网发展的现状、年度突破以及热点趋势等。

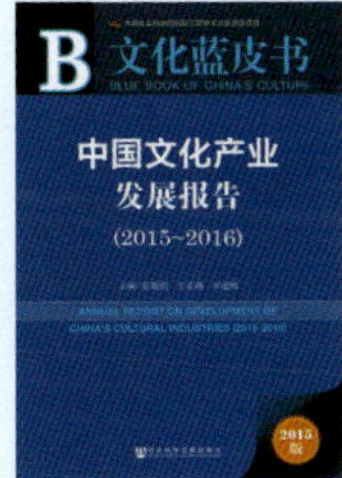

## 文化蓝皮书

### 中国文化产业发展报告（2015~2016）

张晓明　王家新　章建刚 / 主编　　2016 年 2 月出版　　定价 :79.00 元

◆　本书由中国社会科学院文化研究中心编写。从 2012 年开始，中国社会科学院文化研究中心设立了国内首个文化产业的研究类专项资金——“文化产业重大课题研究计划”，开始在全国范围内组织多学科专家学者对我国文化产业发展重大战略问题进行联合攻关研究。本书集中反映了该计划的研究成果。

# 经济类

**G20国家创新竞争力黄皮书**
二十国集团(G20)国家创新竞争力发展报告(2016)
著(编)者:李建平 李闽榕 赵新力
2016年11月出版 / 估价:138.00元

**产业蓝皮书**
中国产业竞争力报告(2016)NO.6
著(编)者:张其仔 2016年12月出版 / 估价:98.00元

**城市创新蓝皮书**
中国城市创新报告(2016)
著(编)者:周天勇 旷建伟 2016年8月出版 / 估价:69.00元

**城市竞争力蓝皮书**
中国城市竞争力报告(1973~2015)
著(编)者:李小林 2016年1月出版 / 定价:128.00元

**城市蓝皮书**
中国城市发展报告 NO.9
著(编)者:潘家华 魏后凯 2016年9月出版 / 估价:69.00元

**城市群蓝皮书**
中国城市群发展指数报告(2016)
著(编)者:刘士林 刘新静 2016年10月出版 / 估价:69.00元

**城乡一体化蓝皮书**
中国城乡一体化发展报告(2015~2016)
著(编)者:汝信 付崇兰 2016年7月出版 / 估价:85.00元

**城镇化蓝皮书**
中国新型城镇化健康发展报告(2016)
著(编)者:张占斌 2016年5月出版 / 估价:79.00元

**创新蓝皮书**
创新型国家建设报告(2015~2016)
著(编)者:詹正茂 2016年11月出版 / 估价:69.00元

**低碳发展蓝皮书**
中国低碳发展报告(2015~2016)
著(编)者:齐晔 2016年3月出版 / 定价:98.00元

**低碳经济蓝皮书**
中国低碳经济发展报告(2016)
著(编)者:薛进军 赵忠秀 2016年6月出版 / 估价:85.00元

**东北蓝皮书**
中国东北地区发展报告(2016)
著(编)者:马克 黄文艺 2016年8月出版 / 估价:79.00元

**发展与改革蓝皮书**
中国经济发展和体制改革报告NO.7
著(编)者:邹东涛 王再文
2016年1月出版 / 估价:98.00元

**工业化蓝皮书**
中国工业化进程报告(2016)
著(编)者:黄群慧 吕铁 李晓华 等
2016年11月出版 / 估价:89.00元

**管理蓝皮书**
中国管理发展报告(2016)
著(编)者:张晓东 2016年9月出版 / 估价:98.00元

**国际城市蓝皮书**
国际城市发展报告(2016)
著(编)者:屠启宇 2016年2月出版 / 定价:79.00元

**国家创新蓝皮书**
中国创新发展报告(2016)
著(编)者:陈劲 2016年9月出版 / 估价:69.00元

**金融蓝皮书**
中国金融发展报告(2016)
著(编)者:李扬 王国刚 2015年12月出版 / 定价:79.00元

**京津冀产业蓝皮书**
京津冀产业协同发展报告(2016)
著(编)者:中智科博(北京)产业经济发展研究院
2016年6月出版 / 估价:69.00元

**京津冀蓝皮书**
京津冀发展报告(2016)
著(编)者:文魁 祝尔娟 2016年4月出版 / 估价:89.00元

**经济蓝皮书**
2016年中国经济形势分析与预测
著(编)者:李扬 2015年12月出版 / 定价:79.00元

**经济蓝皮书·春季号**
2016年中国经济前景分析
著(编)者:李扬 2016年5月出版 / 估价:79.00元

**经济蓝皮书·夏季号**
中国经济增长报告(2015~2016)
著(编)者:李扬 2016年8月出版 / 估价:99.00元

**经济信息绿皮书**
中国与世界经济发展报告(2016)
著(编)者:杜平 2015年12月出版 / 定价:89.00元

**就业蓝皮书**
2016年中国本科生就业报告
著(编)者:麦可思研究院 2016年6月出版 / 估价:98.00元

**就业蓝皮书**
2016年中国高职高专生就业报告
著(编)者:麦可思研究院 2016年6月出版 / 估价:98.00元

**临空经济蓝皮书**
中国临空经济发展报告(2016)
著(编)者:连玉明 2016年11月出版 / 估价:79.00元

**民营经济蓝皮书**
中国民营经济发展报告 NO.12(2015~2016)
著(编)者:王钦敏 2016年5月出版 / 估价:75.00元

**农村绿皮书**
中国农村经济形势分析与预测(2015~2016)
著(编)者:中国社会科学院农村发展研究所
国家统计局农村社会经济调查司
2016年4月出版 / 估价:69.00元

**农业应对气候变化蓝皮书**
气候变化对中国农业影响评估报告 NO.2
著(编)者:矫梅燕 2016年8月出版 / 估价:98.00元

**企业公民蓝皮书**
中国企业公民报告 NO.4
著(编)者:邹东涛　2016年5月出版 / 估价:79.00元

**气候变化绿皮书**
应对气候变化报告（2016）
著(编)者:王伟光 郑国光　2016年11月出版 / 估价:98.00元

**区域蓝皮书**
中国区域经济发展报告（2015～2016）
著(编)者:梁昊光　2016年5月出版 / 估价:79.00元

**全球环境竞争力绿皮书**
全球环境竞争力报告（2016）
著(编)者:李建平 李闽榕 王金南
2016年12月出版 / 估价:198.00元

**人口与劳动绿皮书**
中国人口与劳动问题报告 NO.17
著(编)者:蔡昉 张车伟　2016年11月出版 / 估价:69.00元

**商务中心区蓝皮书**
中国商务中心区发展报告 NO.2（2015）
著(编)者:魏后凯 单菁菁　2016年1月出版 / 定价:79.00元

**世界经济黄皮书**
2016年世界经济形势分析与预测
著(编)者:王洛林 张宇燕　2015年12月出版 / 定价:79.00元

**世界旅游城市绿皮书**
世界旅游城市发展报告（2015）
著(编)者:宋宇　2016年1月出版 / 定价:128.00元

**西北蓝皮书**
中国西北发展报告（2016）
著(编)者:孙发平 苏海红 鲁顺元
2016年3月出版 / 定价:79.00元

**西部蓝皮书**
中国西部发展报告（2016）
著(编)者:姚慧琴 徐璋勇　2016年7月出版 / 估价:89.00元

**县域发展蓝皮书**
中国县域经济增长能力评估报告（2016）
著(编)者:王力　2016年10月出版 / 估价:69.00元

**新型城镇化蓝皮书**
新型城镇化发展报告（2016）
著(编)者:李伟 宋敏 沈体雁　2016年11月出版 / 估价:98.00元

**新兴经济体蓝皮书**
金砖国家发展报告（2016）
著(编)者:林跃勤 周文　2016年7月出版 / 估价:79.00元

**长三角蓝皮书**
2016年全面深化改革中的长三角
著(编)者:张伟斌　2016年10月出版 / 估价:69.00元

**中部竞争力蓝皮书**
中国中部经济社会竞争力报告（2016）
著(编)者:教育部人文社会科学重点研究基地
南昌大学中国中部经济社会发展研究中心
2016年10月出版 / 估价:79.00元

**中部蓝皮书**
中国中部地区发展报告（2016）
著(编)者:宋亚平　2016年12月出版 / 估价:78.00元

**中国省域竞争力蓝皮书**
中国省域经济综合竞争力发展报告（2014～2015）
著(编)者:李建平 李闽榕 高燕京
2016年2月出版 / 定价:198.00元

**中三角蓝皮书**
长江中游城市群发展报告（2016）
著(编)者:秦尊文　2016年10月出版 / 估价:69.00元

**中小城市绿皮书**
中国中小城市发展报告（2016）
著(编)者:中国城市经济学会中小城市经济发展委员会
中国城镇化促进会中小城市发展委员会
《中国中小城市发展报告》编纂委员会
中小城市发展战略研究院
2016年10月出版 / 估价:98.00元

**中原蓝皮书**
中原经济区发展报告（2016）
著(编)者:李英杰　2016年6月出版 / 估价:88.00元

**自贸区蓝皮书**
中国自贸区发展报告（2016）
著(编)者:王力 王吉培　2016年10月出版 / 估价:69.00元

# 社会政法类

**北京蓝皮书**
中国社区发展报告（2016）
著(编)者:于燕燕　2017年2月出版 / 估价:79.00元

**殡葬绿皮书**
中国殡葬事业发展报告（2016）
著(编)者:李伯森　2016年5月出版 / 估价:158.00元

**城市管理蓝皮书**
中国城市管理报告（2016）
著(编)者:谭维克 刘林　2017年2月出版 / 估价:118.00元

**城市生活质量蓝皮书**
中国城市生活质量报告（2016）
著(编)者:张连城 张平 杨春学 郎丽华
2016年7月出版 / 估价:89.00元

**城市政府能力蓝皮书**
中国城市政府公共服务能力评估报告（2016）
著(编)者:何艳玲　2016年7月出版 / 估价:69.00元

**创新蓝皮书**
中国创业环境发展报告（2016）
著(编)者:姚凯 曹祎遐　2016年5月出版 / 估价:69.00元

**慈善蓝皮书**
中国慈善发展报告（2016）
著(编)者:杨团　2016年6月出版 / 估价:79.00元

**地方法治蓝皮书**
中国地方法治发展报告 NO.2（2016）
著(编)者:李林　田禾　2016年3出版 / 定价:108.00元

**党建蓝皮书**
党的建设研究报告 NO.1（2016）
著(编)者:崔建民　陈东平　2016年1月出版 / 定价:89.00元

**法治蓝皮书**
中国法治发展报告 NO.14（2016）
著(编)者:李林 田禾　2016年3月出版 / 定价:118.00元

**反腐倡廉蓝皮书**
中国反腐倡廉建设报告 NO.6
著(编)者:李秋芳　张英伟　2017年1月出版 / 估价:79.00元

**非传统安全蓝皮书**
中国非传统安全研究报告（2015～2016）
著(编)者:余潇枫 魏志江　2016年5月出版 / 估价:79.00元

**妇女发展蓝皮书**
中国妇女发展报告 NO.6
著(编)者:王金玲　2016年9月出版 / 估价:148.00元

**妇女教育蓝皮书**
中国妇女教育发展报告 NO.3
著(编)者:张李玺　2016年10月出版 / 估价:78.00元

**妇女绿皮书**
中国性别平等与妇女发展报告（2016）
著(编)者:谭琳　2016年12月出版 / 估价:99.00元

**公共服务蓝皮书**
中国城市基本公共服务力评价（2016）
著(编)者:钟君 吴正杲　2016年12月出版 / 估价:79.00元

**公共管理蓝皮书**
中国公共管理发展报告（2016）
著(编)者:贡森 李国强 杨维富
2016年4月出版 / 估价:69.00元

**公共外交蓝皮书**
中国公共外交发展报告（2016）
著(编)者:赵启正 雷蔚真　2016年5月出版 / 估价:89.00元

**公民科学素质蓝皮书**
中国公民科学素质报告（2015~2016）
著(编)者:李群 陈雄 马宗文　2016年1月出版 / 定价:89.00元

**公益蓝皮书**
中国公益发展报告（2016）
著(编)者:朱健刚　2016年5月出版 / 估价:78.00元

**国际人才蓝皮书**
海外华侨华人专业人士报告（2016）
著(编)者:王辉耀 苗绿　2016年8月出版 / 估价:69.00元

**国际人才蓝皮书**
中国国际移民报告（2016）
著(编)者:王辉耀　2016年5月出版 / 估价:79.00元

**国际人才蓝皮书**
中国海归发展报告（2016）NO.3
著(编)者:王辉耀 苗绿　2016年10月出版 / 估价:69.00元

**国际人才蓝皮书**
中国留学发展报告（2016）NO.5
著(编)者:王辉耀 苗绿　2016年10月出版 / 估价:79.00元

**国家公园蓝皮书**
中国国家公园体制建设报告（2016）
著(编)者:苏杨 张玉钧 石金莲 刘锋 等
2016年10月出版 / 估价:69.00元

**海洋社会蓝皮书**
中国海洋社会发展报告（2016）
著(编)者:崔凤 宋宁而　2016年7月出版 / 估价:89.00元

**行政改革蓝皮书**
中国行政体制改革报告（2016）NO.5
著(编)者:魏礼群　2016年4月出版 / 估价:98.00元

**华侨华人蓝皮书**
华侨华人研究报告（2016）
著(编)者:贾益民　2016年12月出版 / 估价:98.00元

**环境竞争力绿皮书**
中国省域环境竞争力发展报告（2016）
著(编)者:李建平 李闽榕 王金南
2016年11月出版 / 估价:198.00元

**环境绿皮书**
中国环境发展报告（2016）
著(编)者:刘鉴强　2016年5月出版 / 估价:79.00元

**基金会蓝皮书**
中国基金会发展报告（2015~2016）
著(编)者:中国基金会发展报告课题组　2016年4月出版 / 定价:75.00

**基金会绿皮书**
中国基金会发展独立研究报告（2016）
著(编)者:基金会中心网 中央民族大学基金会研究中心
2016年6月出版 / 估价:88.00元

**基金会透明度蓝皮书**
中国基金会透明度发展研究报告（2016）
著(编)者:基金会中心网 清华大学廉政与治理研究中心
2016年9月出版 / 估价:85.00元

**教师蓝皮书**
中国中小学教师发展报告（2016）
著(编)者:曾晓东 鱼霞　2016年6月出版 / 估价:69.00元

**教育蓝皮书**
中国教育发展报告（2016）
著(编)者:杨东平　2016年4月出版 / 定价:79.00元

**科普蓝皮书**
中国科普基础设施发展报告（2015）
著(编)者:郑念　任嵘嵘　2016年4月出版 / 定价:98.00元

**科学教育蓝皮书**
中国科学教育发展报告（2016）
著(编)者:罗晖 王康友 2016年10月出版 / 估价:79.00元

**劳动保障蓝皮书**
中国劳动保障发展报告（2016）
著(编)者:刘燕斌 2016年8月出版 / 估价:158.00元

**老龄蓝皮书**
中国老年宜居环境发展报告（2015）
著(编)者:党俊武 周燕珉 2016年1月出版 / 定价:79.00元

**连片特困区蓝皮书**
中国连片特困区发展报告（2016）
著(编)者:游俊 冷志明 丁建军
2016年5月出版 / 估价:98.00元

**民间组织蓝皮书**
中国民间组织报告（2016）
著(编)者:黄晓勇 2016年12月出版 / 估价:79.00元

**民调蓝皮书**
中国民生调查报告（2016）
著(编)者:谢耘耕 2016年5月出版 / 估价:128.00元

**民族发展蓝皮书**
中国民族发展报告（2016）
著(编)者:郝时远 王延中 王希恩
2016年4月出版 / 估价:98.00元

**女性生活蓝皮书**
中国女性生活状况报告 NO.10（2016）
著(编)者:韩湘景 2016年4月出版 / 估价:79.00元

**汽车社会蓝皮书**
中国汽车社会发展报告（2016）
著(编)者:王俊秀 2016年5月出版 / 估价:69.00元

**青年蓝皮书**
中国青年发展报告（2016）NO.4
著(编)者:廉思 等 2016年4月出版 / 估价:69.00元

**青少年蓝皮书**
中国未成年人互联网运用报告（2016）
著(编)者:李文革 沈杰 季为民
2016年11月出版 / 估价:89.00元

**青少年体育蓝皮书**
中国青少年体育发展报告（2016）
著(编)者:郭建军 杨桦 2016年9月出版 / 估价:69.00元

**区域人才蓝皮书**
中国区域人才竞争力报告 NO.2
著(编)者:桂昭明 王辉耀
2016年6月出版 / 估价:69.00元

**群众体育蓝皮书**
中国群众体育发展报告（2016）
著(编)者:刘国永 杨桦 2016年10月出版 / 估价:69.00元

**群众体育蓝皮书**
中国社会体育指导员发展报告（1994~2014）
著(编)者:刘国永 王欢 2016年4月出版 / 定价:78.00元

**人才蓝皮书**
中国人才发展报告（2016）
著(编)者:潘晨光 2016年9月出版 / 估价:85.00元

**人权蓝皮书**
中国人权事业发展报告 NO.6（2016）
著(编)者:李君如 2016年9月出版 / 估价:128.00元

**社会保障绿皮书**
中国社会保障发展报告（2016）NO.8
著(编)者:王延中 2016年4月出版 / 估价:99.00元

**社会工作蓝皮书**
中国社会工作发展报告（2016）
著(编)者:民政部社会工作研究中心
2016年8月出版 / 估价:79.00元

**社会管理蓝皮书**
中国社会管理创新报告 NO.4
著(编)者:连玉明 2016年11月出版 / 估价:89.00元

**社会蓝皮书**
2016年中国社会形势分析与预测
著(编)者:李培林 陈光金 张翼
2015年12月出版 / 定价:79.00元

**社会体制蓝皮书**
中国社会体制改革报告（2016）NO.4
著(编)者:龚维斌 2016年4月出版 / 估价:79.00元

**社会心态蓝皮书**
中国社会心态研究报告（2016）
著(编)者:王俊秀 杨宜音 2016年10月出版 / 估价:69.00元

**社会责任管理蓝皮书**
中国企业公众透明度报告（2015~2016）NO.2
著(编)者:黄速建 熊梦 肖红军 2016年1月出版 / 定价:98.00元

**社会组织蓝皮书**
中国社会组织评估发展报告（2016）
著(编)者:徐家良 廖鸿 2016年12月出版 / 估价:69.00元

**生态城市绿皮书**
中国生态城市建设发展报告（2016）
著(编)者:刘举科 孙伟平 胡文臻
2016年9月出版 / 估价:148.00元

**生态文明绿皮书**
中国省域生态文明建设评价报告（ECI 2016）
著(编)者:严耕 2016年12月出版 / 估价:85.00元

**世界社会主义黄皮书**
世界社会主义跟踪研究报告（2015～2016）
著(编)者:李慎明 2016年3月出版 / 定价:248.00元

**水与发展蓝皮书**
中国水风险评估报告（2016）
著(编)者:王浩 2016年9月出版 / 估价:69.00元

**体育蓝皮书**
长三角地区体育产业发展报告（2016）
著(编)者:张林 2016年4月出版 / 估价:79.00元

**体育蓝皮书**
中国公共体育服务发展报告（2016）
著(编)者:戴健　2016年12月出版 / 估价:79.00元

**土地整治蓝皮书**
中国土地整治发展研究报告 NO.3
著(编)者:国土资源部土地整治中心
2016年5月出版 / 估价:89.00元

**土地政策蓝皮书**
中国土地政策发展报告（2016）
著(编)者:高延利 李宪文　2015年12月出版 / 定价:89.00元

**危机管理蓝皮书**
中国危机管理报告（2016）
著(编)者:文学国 范正青　2016年8月出版 / 估价:89.00元

**形象危机应对蓝皮书**
形象危机应对研究报告（2016）
著(编)者:唐钧　2016年6月出版 / 估价:149.00元

**医改蓝皮书**
中国医药卫生体制改革报告（2016）
著(编)者:文学国　房志武　2016年11月出版 / 估价:98.00元

**医疗卫生绿皮书**
中国医疗卫生发展报告 NO.7（2016）
著(编)者:申宝忠 韩玉珍　2016年4月出版 / 估价:75.00元

**政治参与蓝皮书**
中国政治参与报告（2016）
著(编)者:房宁　2016年7月出版 / 估价:108.00元

**政治发展蓝皮书**
中国政治发展报告（2016）
著(编)者:房宁 杨海蛟　2016年5月出版 / 估价:88.00元

**智慧社区蓝皮书**
中国智慧社区发展报告（2016）
著(编)者:罗昌智 张辉德　2016年7月出版 / 估价:69.00元

**中国农村妇女发展蓝皮书**
农村流动女性城市生活发展报告（2016）
著(编)者:谢丽华　2016年12月出版 / 估价:79.00元

**宗教蓝皮书**
中国宗教报告（2016）
著(编)者:邱永辉　2016年5月出版 / 估价:79.00元

# 行业报告类

**保健蓝皮书**
中国保健服务产业发展报告 NO.2
著(编)者:中国保健协会 中共中央党校
2016年7月出版 / 估价:198.00元

**保健蓝皮书**
中国保健食品产业发展报告 NO.2
著(编)者:中国保健协会
中国社会科学院食品药品产业发展与监管研究中心
2016年7月出版 / 估价:198.00元

**保健蓝皮书**
中国保健用品产业发展报告 NO.2
著(编)者:中国保健协会
国务院国有资产监督管理委员会研究中心
2016年5月出版 / 估价:198.00元

**保险蓝皮书**
中国保险业创新发展报告（2016）
著(编)者:项俊波　2016年12月出版 / 估价:69.00元

**保险蓝皮书**
中国保险业竞争力报告（2016）
著(编)者:项俊波　2016年12月出版 / 估价:99.00元

**采供血蓝皮书**
中国采供血管理报告（2016）
著(编)者:朱永明 耿鸿武　2016年8月出版 / 估价:69.00元

**彩票蓝皮书**
中国彩票发展报告（2016）
著(编)者:益彩基金　2016年4月出版 / 估价:98.00元

**餐饮产业蓝皮书**
中国餐饮产业发展报告（2016）
著(编)者:邢颖　2016年4月出版 / 估价:69.00元

**测绘地理信息蓝皮书**
测绘地理信息转型升级研究报告（2016）
著(编)者:库热西·买合苏提　2016年12月出版 / 估价:98.00元

**茶业蓝皮书**
中国茶产业发展报告（2016）
著(编)者:杨江帆 李闽榕　2016年10月出版 / 估价:78.00元

**产权市场蓝皮书**
中国产权市场发展报告（2015～2016）
著(编)者:曹和平　2016年5月出版 / 估价:89.00元

**产业安全蓝皮书**
中国出版传媒产业安全报告（2015~2016）
著(编)者:北京印刷学院文化产业安全研究院
2016年3月出版 / 定价:79.00元

**产业安全蓝皮书**
中国文化产业安全报告（2016）
著(编)者:北京印刷学院文化产业安全研究院
2016年4月出版 / 估价:89.00元

**产业安全蓝皮书**
中国新媒体产业安全报告（2016）
著(编)者:北京印刷学院文化产业安全研究院
2016年5月出版 / 估价:69.00元

**大数据蓝皮书**
网络空间和大数据发展报告（2016）
著(编)者:杜平 2016年5月出版 / 估价:69.00元

**电子商务蓝皮书**
中国电子商务服务业发展报告 NO.3
著(编)者:荆林波 梁春晓 2016年5月出版 / 估价:69.00元

**电子政务蓝皮书**
中国电子政务发展报告（2016）
著(编)者:洪毅 杜平 2016年11月出版 / 估价:79.00元

**杜仲产业绿皮书**
中国杜仲橡胶资源与产业发展报告（2016）
著(编)者:杜红岩 胡文臻 俞锐
2016年5月出版 / 估价:85.00元

**房地产蓝皮书**
中国房地产发展报告 NO.13（2016）
著(编)者:魏后凯 李景国 2016年5月出版 / 估价:79.00元

**服务外包蓝皮书**
中国服务外包产业发展报告（2016）
著(编)者:王晓红 刘德军
2016年6月出版 / 估价:89.00元

**服务外包蓝皮书**
中国服务外包竞争力报告（2016）
著(编)者:王力 刘春生 黄育华
2016年11月出版 / 估价:85.00元

**工业和信息化蓝皮书**
世界网络安全发展报告（2016）
著(编)者:洪京一 2016年4月出版 / 估价:69.00元

**工业和信息化蓝皮书**
世界信息化发展报告（2016）
著(编)者:洪京一 2016年4月出版 / 估价:69.00元

**工业和信息化蓝皮书**
世界信息技术产业发展报告（2016）
著(编)者:洪京一 2016年4月出版 / 估价:79.00元

**工业和信息化蓝皮书**
世界制造业发展报告（2016）
著(编)者:洪京一 2016年4月出版 / 估价:69.00元

**工业和信息化蓝皮书**
移动互联网产业发展报告（2016）
著(编)者:洪京一 2016年4月出版 / 估价:79.00元

**工业设计蓝皮书**
中国工业设计发展报告（2016）
著(编)者:王晓红 于炜 张立群
2016年9月出版 / 估价:138.00元

**黄金市场蓝皮书**
中国商业银行黄金业务发展报告（2015~2016）
著(编)者:平安银行 2016年3月出版 / 定价:98.00元

**互联网金融蓝皮书**
中国互联网金融发展报告（2016）
著(编)者: 李东荣 2016年8月出版 / 估价:79.00元

**会展蓝皮书**
中外会展业动态评估年度报告（2016）
著(编)者:张敏 2016年5月出版 / 估价:78.00元

**节能汽车蓝皮书**
中国节能汽车产业发展报告（2016）
著(编)者:中国汽车工程研究院股份有限公司
2016年12月出版 / 估价:69.00元

**金融监管蓝皮书**
中国金融监管报告（2016）
著(编)者:胡滨 2016年4月出版 / 估价:89.00元

**金融蓝皮书**
中国金融中心发展报告（2016）
著(编)者:王力 黄育华 2017年11月出版 / 估价:75.00元

**金融蓝皮书**
中国商业银行竞争力报告（2016）
著(编)者:王松奇 2016年5月出版 / 估价:69.00元

**经济林产业绿皮书**
中国经济林产业发展报告（2016）
著(编)者:李芳东 胡文臻 乌云塔娜 杜红岩
2016年12月出版 / 估价:69.00元

**客车蓝皮书**
中国客车产业发展报告（2016）
著(编)者:姚蔚 2016年5月出版 / 估价:85.00元

**老龄蓝皮书**
中国老龄产业发展报告（2016）
著(编)者:吴玉韶 党俊武 2016年9月出版 / 估价:79.00元

**流通蓝皮书**
中国商业发展报告（2016）
著(编)者:荆林波 2016年5月出版 / 估价:89.00元

**旅游安全蓝皮书**
中国旅游安全报告（2016）
著(编)者:郑向敏 谢朝武 2016年5月出版 / 估价:128.00元

**旅游绿皮书**
2015～2016年中国旅游发展分析与预测
著(编)者:宋瑞 2016年4月出版 / 定价:89.00元

**煤炭蓝皮书**
中国煤炭工业发展报告（2016）
著(编)者:岳福斌 2016年12月出版 / 估价:79.00元

**民营企业社会责任蓝皮书**
中国民营企业社会责任年度报告（2016）
著(编)者:中华全国工商业联合会
2016年7月出版 / 估价:69.00元

**民营医院蓝皮书**
中国民营医院发展报告（2016）
著(编)者:庄一强　2016年10月出版 / 估价:75.00元

**能源蓝皮书**
中国能源发展报告（2016）
著(编)者:崔民选 王军生 陈义和
2016年8月出版 / 估价:79.00元

**农产品流通蓝皮书**
中国农产品流通产业发展报告（2016）
著(编)者:贾敬敦 张东科 张玉玺 张鹏毅 周伟
2016年5月出版 / 估价:89.00元

**期货蓝皮书**
中国期货市场发展报告(2016)
著(编)者:李群 王在荣　2016年11月出版 / 估价:69.00元

**企业公益蓝皮书**
中国企业公益研究报告（2016）
著(编)者:钟宏武 汪杰 顾一 黄晓娟 等
2016年12月出版 / 估价:69.00元

**企业公众透明度蓝皮书**
中国企业公众透明度报告(2016) NO.2
著(编)者:黄速建 王晓光 肖红军
2016年5月出版 / 估价:98.00元

**企业国际化蓝皮书**
中国企业国际化报告（2016）
著(编)者:王辉耀　2016年11月出版 / 估价:98.00元

**企业蓝皮书**
中国企业绿色发展报告 NO.2（2016）
著(编)者:李红玉 朱光辉　2016年8月出版 / 估价:79.00元

**企业社会责任蓝皮书**
中国企业社会责任研究报告（2016）
著(编)者:黄群慧 钟宏武 张蒽 等
2016年11月出版 / 估价:79.00元

**企业社会责任能力蓝皮书**
中国上市公司社会责任能力成熟度报告（2016）
著(编)者:肖红军 王晓光 李伟阳
2016年11月出版 / 估价:69.00元

**汽车安全蓝皮书**
中国汽车安全发展报告（2016）
著(编)者:中国汽车技术研究中心
2016年7月出版 / 估价:89.00元

**汽车电子商务蓝皮书**
中国汽车电子商务发展报告（2016）
著(编)者:中华全国工商业联合会汽车经销商商会
北京易观智库网络科技有限公司
2016年5月出版 / 估价:128.00元

**汽车工业蓝皮书**
中国汽车工业发展年度报告（2016）
著(编)者:中国汽车工业协会 中国汽车技术研究中心
丰田汽车（中国）投资有限公司
2016年4月出版 / 估价:128.00元

**汽车蓝皮书**
中国汽车产业发展报告（2016）
著(编)者:国务院发展研究中心产业经济研究部
中国汽车工程学会 大众汽车集团（中国）
2016年8月出版 / 估价:158.00元

**清洁能源蓝皮书**
国际清洁能源发展报告（2016）
著(编)者:苏树辉 袁国林 李玉崙
2016年11月出版 / 估价:99.00元

**人力资源蓝皮书**
中国人力资源发展报告（2016）
著(编)者:余兴安　2016年12月出版 / 估价:79.00元

**融资租赁蓝皮书**
中国融资租赁业发展报告（2015～2016）
著(编)者:李光荣 王力　2016年5月出版 / 估价:89.00元

**软件和信息服务业蓝皮书**
中国软件和信息服务业发展报告（2016）
著(编)者:洪京一　2016年12月出版 / 估价:198.00元

**商会蓝皮书**
中国商会发展报告NO.5（2016）
著(编)者:王钦敏　2016年7月出版 / 估价:89.00元

**上市公司蓝皮书**
中国上市公司社会责任信息披露报告（2016）
著(编)者:张旺 张杨　2016年11月出版 / 估价:69.00元

**上市公司蓝皮书**
中国上市公司质量评价报告（2015～2016）
著(编)者:张跃文 王力　2016年11月出版 / 估价:118.00元

**设计产业蓝皮书**
中国设计产业发展报告（2016）
著(编)者:陈冬亮 梁昊光　2016年5月出版 / 估价:89.00元

**食品药品蓝皮书**
食品药品安全与监管政策研究报告（2016）
著(编)者:唐民皓　2016年7月出版 / 估价:69.00元

**世界能源蓝皮书**
世界能源发展报告（2016）
著(编)者:黄晓勇　2016年6月出版 / 估价:99.00元

**水利风景区蓝皮书**
中国水利风景区发展报告（2016）
著(编)者:兰思仁　2016年8月出版 / 估价:69.00元

**私募市场蓝皮书**
中国私募股权市场发展报告（2016）
著(编)者:曹和平　2016年12月出版 / 估价:79.00元

**碳市场蓝皮书**
中国碳市场报告（2016）
著(编)者:宁金彪　2016年11月出版 / 估价:69.00元

**体育蓝皮书**
中国体育产业发展报告（2016）
著(编)者:阮伟 钟秉枢　2016年7月出版 / 估价:69.00元

**土地市场蓝皮书**
中国农村土地市场发展报告（2015~2016）
著(编)者:李光荣　2016年3月出版 / 定价:79.00元

**网络空间安全蓝皮书**
中国网络空间安全发展报告（2016）
著(编)者:惠志斌 唐涛　2016年4月出版 / 估价:79.00元

**物联网蓝皮书**
中国物联网发展报告（2016）
著(编)者:黄桂田 龚六堂 张全升
2016年5月出版 / 估价:69.00元

**西部工业蓝皮书**
中国西部工业发展报告（2016）
著(编)者:方行明 甘犁 刘方健 姜凌 等
2016年9月出版 / 估价:79.00元

**西部金融蓝皮书**
中国西部金融发展报告（2016）
著(编)者:李忠民　2016年8月出版 / 估价:75.00元

**协会商会蓝皮书**
中国行业协会商会发展报告（2016）
著(编)者:景朝阳 李勇　2016年4月出版 / 估价:99.00元

**新能源汽车蓝皮书**
中国新能源汽车产业发展报告（2016）
著(编)者:中国汽车技术研究中心
日产（中国）投资有限公司 东风汽车有限公司
2016年8月出版 / 估价:89.00元

**新三板蓝皮书**
中国新三板市场发展报告（2016）
著(编)者:王力　2016年6月出版 / 估价:69.00元

**信托市场蓝皮书**
中国信托业市场报告（2015～2016）
著(编)者:用益信托工作室
2016年1月出版 / 定价:198.00元

**信息安全蓝皮书**
中国信息安全发展报告（2016）
著(编)者:张晓东　2016年5月出版 / 估价:69.00元

**信息化蓝皮书**
中国信息化形势分析与预测（2016）
著(编)者:周宏仁　2016年8月出版 / 估价:98.00元

**信用蓝皮书**
中国信用发展报告（2016）
著(编)者:章政 田侃　2016年4月出版 / 估价:99.00元

**休闲绿皮书**
2016年中国休闲发展报告
著(编)者:宋瑞
2016年10月出版 / 估价:79.00元

**药品流通蓝皮书**
中国药品流通行业发展报告（2016）
著(编)者:佘鲁林 温再兴
2016年8月出版 / 估价:158.00元

**医院蓝皮书**
中国医院竞争力报告（2016）
著(编)者:庄一强　曾益新　2016年3月出版 / 定价:128.00元

**医药蓝皮书**
中国中医药产业园战略发展报告（2016）
著(编)者:裴长洪 房书亭 吴滌心
2016年5月出版 / 估价:89.00元

**邮轮绿皮书**
中国邮轮产业发展报告（2016）
著(编)者:汪泓　2016年10月出版 / 估价:79.00元

**智能养老蓝皮书**
中国智能养老产业发展报告（2016）
著(编)者:朱勇　2016年10月出版 / 估价:89.00元

**中国SUV蓝皮书**
中国SUV产业发展报告（2016）
著(编)者:靳军　2016年12月出版 / 估价:69.00元

**中国金融行业蓝皮书**
中国债券市场发展报告（2016）
著(编)者:谢多　2016年7月出版 / 估价:69.00元

**中国上市公司蓝皮书**
中国上市公司发展报告（2016）
著(编)者:中国社会科学院上市公司研究中心
2016年9月出版 / 估价:98.00元

**中国游戏蓝皮书**
中国游戏产业发展报告（2016）
著(编)者:孙立军 刘跃军 牛兴侦
2016年5月出版 / 估价:69.00元

**中国总部经济蓝皮书**
中国总部经济发展报告（2015～2016）
著(编)者:赵弘　2016年9月出版 / 估价:79.00元

**资本市场蓝皮书**
中国场外交易市场发展报告（2014~2015）
著(编)者:高峦　2016年3月出版 / 定价:79.00元

**资产管理蓝皮书**
中国资产管理行业发展报告（2016）
著(编)者:智信资产管理研究院
2016年6月出版 / 估价:89.00元

# 文化传媒类

**传媒竞争力蓝皮书**
中国传媒国际竞争力研究报告（2016）
著(编)者:李本乾 刘强
2016年11月出版 / 估价:148.00元

**传媒蓝皮书**
中国传媒产业发展报告（2016）
著(编)者:崔保国 2016年5月出版 / 估价:98.00元

**传媒投资蓝皮书**
中国传媒投资发展报告（2016）
著(编)者:张向东 谭云明
2016年6月出版 / 估价:128.00元

**动漫蓝皮书**
中国动漫产业发展报告（2016）
著(编)者:卢斌 郑玉明 牛兴侦
2016年7月出版 / 估价:79.00元

**非物质文化遗产蓝皮书**
中国非物质文化遗产发展报告（2016）
著(编)者:陈平 2016年5月出版 / 估价:98.00元

**广电蓝皮书**
中国广播电影电视发展报告（2016）
著(编)者:国家新闻出版广电总局发展研究中心
2016年7月出版 / 估价:98.00元

**广告主蓝皮书**
中国广告主营销传播趋势报告 NO.9
著(编)者:黄升民 杜国清 邵华冬 等
2016年10月出版 / 估价:148.00元

**国际传播蓝皮书**
中国国际传播发展报告（2016）
著(编)者:胡正荣 李继东 姬德强
2016年11月出版 / 估价:89.00元

**纪录片蓝皮书**
中国纪录片发展报告（2016）
著(编)者:何苏六 2016年10月出版 / 估价:79.00元

**科学传播蓝皮书**
中国科学传播报告（2016）
著(编)者:詹正茂 2016年7月出版 / 估价:69.00元

**两岸创意经济蓝皮书**
两岸创意经济研究报告（2016）
著(编)者:罗昌智 董泽平 2016年12月出版 / 估价:98.00元

**两岸文化蓝皮书**
两岸文化产业合作发展报告（2016）
著(编)者:胡惠林 李保宗 2016年7月出版 / 估价:79.00元

**媒介与女性蓝皮书**
中国媒介与女性发展报告(2015~2016)
著(编)者:刘利群 2016年8月出版 / 估价:118.00元

**媒体融合蓝皮书**
中国媒体融合发展报告（2016）
著(编)者:梅宁华 宋建武 2016年7月出版 / 估价:79.00元

**全球传媒蓝皮书**
全球传媒发展报告（2016）
著(编)者:胡正荣 李继东 唐晓芬
2016年12月出版 / 估价:79.00元

**少数民族非遗蓝皮书**
中国少数民族非物质文化遗产发展报告（2016）
著(编)者:肖远平（彝） 柴立（满）
2016年6月出版 / 估价:128.00元

**视听新媒体蓝皮书**
中国视听新媒体发展报告（2016）
著(编)者:国家新闻出版广电总局发展研究中心
2016年7月出版 / 估价:98.00元

**文化创新蓝皮书**
中国文化创新报告（2016）NO.7
著(编)者:于平 傅才武 2016年7月出版 / 估价:98.00元

**文化建设蓝皮书**
中国文化发展报告（2016）
著(编)者:江畅 孙伟平 戴茂堂
2016年4月出版 / 估价:108.00元

**文化科技蓝皮书**
文化科技创新发展报告（2016）
著(编)者:于平 李凤亮 2016年10月出版 / 估价:89.00元

**文化蓝皮书**
中国公共文化服务发展报告（2016）
著(编)者:刘新成 张永新 张旭 2016年10月出版 / 估价:98.00元

**文化蓝皮书**
中国公共文化投入增长测评报告（2016）
著(编)者:王亚南 2016年4月出版 / 定价:79.00元

**文化蓝皮书**
中国少数民族文化发展报告（2016）
著(编)者:武翠英 张晓明 任乌晶
2016年9月出版 / 估价:69.00元

**文化蓝皮书**
中国文化产业发展报告（2015~2016）
著(编)者:张晓明 王家新 章建刚
2016年2月出版 / 定价:79.00元

**文化蓝皮书**
中国文化产业供需协调检测报告（2016）
著(编)者:王亚南 2016年5月出版 / 估价:79.00元

**文化蓝皮书**
中国文化消费需求景气评价报告（2016）
著(编)者:王亚南 2016年5月出版 / 估价:79.00元

**文化品牌蓝皮书**
中国文化品牌发展报告（2016）
著(编)者:欧阳友权　2016年4月出版 / 估价:89.00元

**文化遗产蓝皮书**
中国文化遗产事业发展报告（2016）
著(编)者:刘世锦　2016年5月出版 / 估价:89.00元

**文学蓝皮书**
中国文情报告（2015～2016）
著(编)者:白烨　2016年5月出版 / 估价:69.00元

**新媒体蓝皮书**
中国新媒体发展报告NO.7（2016）
著(编)者:唐绪军　2016年7月出版 / 估价:79.00元

**新媒体社会责任蓝皮书**
中国新媒体社会责任研究报告（2016）
著(编)者:钟瑛　2016年10月出版 / 估价:79.00元

**移动互联网蓝皮书**
中国移动互联网发展报告（2016）
著(编)者:官建文　2016年6月出版 / 估价:79.00元

**舆情蓝皮书**
中国社会舆情与危机管理报告（2016）
著(编)者:谢耘耕　2016年8月出版 / 估价:98.00元

# 地方发展类

**安徽经济蓝皮书**
芜湖创新型城市发展报告（2016）
著(编)者:张志宏　2016年4月出版 / 估价:69.00元

**安徽蓝皮书**
安徽社会发展报告（2016）
著(编)者:程桦　2016年4月出版 / 估价:89.00元

**安徽社会建设蓝皮书**
安徽社会建设分析报告（2015～2016）
著(编)者:黄家海 王开玉 蔡宪
2016年4月出版 / 估价:89.00元

**澳门蓝皮书**
澳门经济社会发展报告（2015～2016）
著(编)者:吴志良 郝雨凡　2016年5月出版 / 估价:79.00元

**北京蓝皮书**
北京公共服务发展报告（2015～2016）
著(编)者:施昌奎　2016年2月出版 / 定价:79.00元

**北京蓝皮书**
北京经济发展报告（2015～2016）
著(编)者:杨松　2016年6月出版 / 估价:79.00元

**北京蓝皮书**
北京社会发展报告（2015～2016）
著(编)者:李伟东　2016年7月出版 / 估价:79.00元

**北京蓝皮书**
北京社会治理发展报告（2015～2016）
著(编)者:殷星辰　2016年6月出版 / 估价:79.00元

**北京蓝皮书**
北京文化发展报告（2015～2016）
著(编)者:李建盛　2016年4月出版 / 定价:79.00元

**北京旅游绿皮书**
北京旅游发展报告（2016）
著(编)者:北京旅游学会　2016年7月出版 / 估价:88.00元

**北京人才蓝皮书**
北京人才发展报告（2016）
著(编)者:于淼　2016年12月出版 / 估价:128.00元

**北京社会心态蓝皮书**
北京社会心态分析报告（2015～2016）
著(编)者:北京社会心理研究所
2016年8月出版 / 估价:79.00元

**北京社会组织管理蓝皮书**
北京社会组织发展与管理（2015～2016）
著(编)者:黄江松　2016年4月出版 / 估价:78.00元

**北京体育蓝皮书**
北京体育产业发展报告（2016）
著(编)者:钟秉枢 陈杰 杨铁黎
2016年10月出版 / 估价:79.00元

**北京养老产业蓝皮书**
北京养老产业发展报告（2016）
著(编)者:周明明 冯喜良　2016年4月出版 / 估价:69.00元

**滨海金融蓝皮书**
滨海新区金融发展报告（2016）
著(编)者:王爱俭 张锐钢　2016年9月出版 / 估价:79.00元

**城乡一体化蓝皮书**
中国城乡一体化发展报告•北京卷（2015～2016)
著(编)者:张宝秀 黄序　2016年5月出版 / 估价:79.00元

**创意城市蓝皮书**
北京文化创意产业发展报告（2016）
著(编)者:张京成 王国华　2016年12月出版 / 估价:69.00元

**创意城市蓝皮书**
青岛文化创意产业发展报告（2016）
著(编)者:马达 张丹妮　2016年6月出版 / 估价:79.00元

**创意城市蓝皮书**
青岛文化创意产业发展报告（2016）
著(编)者:马达 张丹妮　2016年6月出版 / 估价:79.00元

**创意城市蓝皮书**
台北文化创意产业发展报告（2016）
著(编)者:陈耀竹 邱琪瑄 2016年11月出版 / 估价:89.00元

**创意城市蓝皮书**
无锡文化创意产业发展报告（2016）
著(编)者:谭军 张鸣年 2016年10月出版 / 估价:79.00元

**创意城市蓝皮书**
武汉文化创意产业发展报告（2016）
著(编)者:黄永林 陈汉桥 2016年12月出版 / 估价:89.00元

**创意城市蓝皮书**
重庆创意产业发展报告（2016）
著(编)者:程宇宁 2016年4月出版 / 估价:89.00元

**地方法治蓝皮书**
南宁法治发展报告（2016）
著(编)者:杨维超 2016年12月出版 / 估价:69.00元

**福建妇女发展蓝皮书**
福建省妇女发展报告（2016）
著(编)者:刘群英 2016年11月出版 / 估价:88.00元

**福建自由贸易区蓝皮书**
中国（福建）自由贸易区实验区发展报告（2015~2016）
著(编)者:黄茂兴 2016年4月出版 / 定价:108.00元

**甘肃蓝皮书**
甘肃经济发展分析与预测（2016）
著(编)者:朱智文 罗哲 2016年1月出版 / 定价:79.00元

**甘肃蓝皮书**
甘肃社会发展分析与预测（2016）
著(编)者:安文华 包晓霞 谢增虎 2016年1月出版 / 定价:79.00元

**甘肃蓝皮书**
甘肃文化发展分析与预测（2016）
著(编)者:安文华 周小华 2016年1月出版 / 定价:79.00元

**甘肃蓝皮书**
甘肃县域和农村发展报告（2016）
著(编)者:刘进军 柳 民 王建兵
2016年1月出版 / 定价:79.00元

**甘肃蓝皮书**
甘肃舆情分析与预测（2016）
著(编)者:陈双梅 张谦元 2016年1月出版 / 定价:79.00元

**甘肃蓝皮书**
甘肃商贸流通发展报告（2016）
著(编)者:杨志武 王福生 王晓芳
2016年1月出版 / 定价:79.00元

**广东蓝皮书**
广东全面深化改革发展报告（2016）
著(编)者:周林生 涂成林 2016年11月出版 / 估价:69.00元

**广东蓝皮书**
广东社会工作发展报告（2016）
著(编)者:罗观翠 2016年6月出版 / 估价:89.00元

**广东蓝皮书**
广东省电子商务发展报告（2016）
著(编)者:程晓 邓顺国 2016年7月出版 / 估价:79.00元

**广东社会建设蓝皮书**
广东省社会建设发展报告（2016）
著(编)者:广东省社会工作委员会
2016年12月出版 / 估价:99.00元

**广东外经贸蓝皮书**
广东对外经济贸易发展研究报告（2015~2016）
著(编)者:陈万灵 2016年5月出版 / 估价:89.00元

**广西北部湾经济区蓝皮书**
广西北部湾经济区开放开发报告（2016）
著(编)者:广西北部湾经济区规划建设管理委员会办公室
广西社会科学院广西北部湾发展研究院
2016年10月出版 / 估价:79.00元

**巩义蓝皮书**
巩义经济社会发展报告（2016）
著(编)者:丁同民 2016年4月出版 / 定价:58.00元

**广州蓝皮书**
2016年中国广州经济形势分析与预测
著(编)者:庾建设 沈奎 谢博能 2016年6月出版 / 估价:79.00元

**广州蓝皮书**
2016年中国广州社会形势分析与预测
著(编)者:张强 陈怡霓 杨秦 2016年6月出版 / 估价:79.00元

**广州蓝皮书**
广州城市国际化发展报告（2016）
著(编)者:朱名宏 2016年11月出版 / 估价:69.00元

**广州蓝皮书**
广州创新型城市发展报告（2016）
著(编)者:尹涛 2016年10月出版 / 估价:69.00元

**广州蓝皮书**
广州经济发展报告（2016）
著(编)者:朱名宏 2016年7月出版 / 估价:69.00元

**广州蓝皮书**
广州农村发展报告（2016）
著(编)者:朱名宏 2016年8月出版 / 估价:69.00元

**广州蓝皮书**
广州汽车产业发展报告（2016）
著(编)者:杨再高 冯兴亚 2016年9月出版 / 估价:69.00元

**广州蓝皮书**
广州青年发展报告（2015～2016）
著(编)者:魏国华 张强 2016年7月出版 / 估价:69.00元

**广州蓝皮书**
广州商贸业发展报告（2016）
著(编)者:李江涛 肖振宇 荀振英
2016年7月出版 / 估价:69.00元

**广州蓝皮书**
广州社会保障发展报告（2016）
著(编)者:蔡国萱 2016年10月出版 / 估价:65.00元

广州蓝皮书
广州文化创意产业发展报告（2016）
著(编)者:甘新　2016年8月出版 / 估价:79.00元

广州蓝皮书
中国广州城市建设与管理发展报告（2016）
著(编)者:董皞 陈小钢 李江涛　2016年7月出版 / 估价:69.00元

广州蓝皮书
中国广州科技和信息化发展报告（2016）
著(编)者:邹采荣 马正勇 冯 元　2016年8月出版 / 估价:79.00元

广州蓝皮书
中国广州文化发展报告（2016）
著(编)者:徐俊忠 陆志强 顾涧清　2016年7月出版 / 估价:69.00元

贵阳蓝皮书
贵阳城市创新发展报告•白云篇（2016）
著(编)者:连玉明　2016年10月出版 / 估价:89.00元

贵阳蓝皮书
贵阳城市创新发展报告•观山湖篇（2016）
著(编)者:连玉明　2016年10月出版 / 估价:89.00元

贵阳蓝皮书
贵阳城市创新发展报告•花溪篇（2016）
著(编)者:连玉明　2016年10月出版 / 估价:89.00元

贵阳蓝皮书
贵阳城市创新发展报告•开阳篇（2016）
著(编)者:连玉明　2016年10月出版 / 估价:89.00元

贵阳蓝皮书
贵阳城市创新发展报告•南明篇（2016）
著(编)者:连玉明　2016年10月出版 / 估价:89.00元

贵阳蓝皮书
贵阳城市创新发展报告•清镇篇（2016）
著(编)者:连玉明　2016年10月出版 / 估价:89.00元

贵阳蓝皮书
贵阳城市创新发展报告•乌当篇（2016）
著(编)者:连玉明　2016年10月出版 / 估价:89.00元

贵阳蓝皮书
贵阳城市创新发展报告•息烽篇（2016）
著(编)者:连玉明　2016年10月出版 / 估价:89.00元

贵阳蓝皮书
贵阳城市创新发展报告•修文篇（2016）
著(编)者:连玉明　2016年10月出版 / 估价:89.00元

贵阳蓝皮书
贵阳城市创新发展报告•云岩篇（2016）
著(编)者:连玉明　2016年10月出版 / 估价:89.00元

贵州房地产蓝皮书
贵州房地产发展报告NO.3（2016）
著(编)者:武廷方　2016年6月出版 / 估价:89.00元

贵州蓝皮书
贵州册亨经济社会发展报告 (2016)
著(编)者:黄德林　2016年3月出版 / 定价:79.00元

贵州蓝皮书
贵安新区发展报告（2016）
著(编)者:马长青 吴大华　2016年4月出版 / 估价:69.00元

贵州蓝皮书
贵州法治发展报告（2016）
著(编)者:吴大华　2016年5月出版 / 估价:79.00元

贵州蓝皮书
贵州民航业发展报告（2016）
著(编)者:申振东 吴大华　2016年10月出版 / 估价:69.00元

贵州蓝皮书
贵州民营经济发展报告（2016）
著(编)者:杨静 吴大华　2016年3月出版 / 定价:79.00元

贵州蓝皮书
贵州人才发展报告（2016）
著(编)者:于杰 吴大华　2016年9月出版 / 估价:69.00元

贵州蓝皮书
贵州社会发展报告（2016）
著(编)者:王兴骥　2016年5月出版 / 估价:79.00元

海淀蓝皮书
海淀区文化和科技融合发展报告（2016）
著(编)者:陈名杰 孟景伟　2016年5月出版 / 估价:75.00元

海峡西岸蓝皮书
海峡西岸经济区发展报告（2016）
著(编)者:福建省人民政府发展研究中心
福建省人民政府发展研究中心咨询服务中心
2016年9月出版 / 估价:65.00元

杭州都市圈蓝皮书
杭州都市圈发展报告（2016）
著(编)者:董祖德 沈翔　2016年5月出版 / 估价:89.00元

杭州蓝皮书
杭州妇女发展报告（2016）
著(编)者:魏颖　2016年4月出版 / 估价:79.00元

河北经济蓝皮书
河北省经济发展报告（2016）
著(编)者:马树强 金浩 刘兵 张贵
2016年5月出版 / 估价:89.00元

河北蓝皮书
河北经济社会发展报告（2016）
著(编)者:郭金平　2016年1月出版 / 定价:79.00元

河北食品药品安全蓝皮书
河北食品药品安全研究报告（2016）
著(编)者:丁锦霞　2016年6月出版 / 估价:79.00元

河南经济蓝皮书
2016年河南经济形势分析与预测
著(编)者:胡五岳　2016年2月出版 / 定价:79.00元

河南蓝皮书
2016年河南社会形势分析与预测
著(编)者:刘道兴 牛苏林　2016年4月出版 / 定价79.00元

**河南蓝皮书**
河南城市发展报告（2016）
著(编)者:谷建全 王建国 2016年5月出版 / 估价:79.00元

**河南蓝皮书**
河南法治发展报告（2016）
著(编)者:丁同民 闫德民 2016年6月出版 / 估价:79.00元

**河南蓝皮书**
河南工业发展报告（2016）
著(编)者:龚绍东 赵西三 2016年5月出版 / 估价:79.00元

**河南蓝皮书**
河南金融发展报告（2016）
著(编)者:河南省社会科学院 2016年6月出版 / 估价:69.00元

**河南蓝皮书**
河南经济发展报告（2016）
著(编)者:张占仓 2016年3月出版 / 定价:79.00元

**河南蓝皮书**
河南农业农村发展报告（2016）
著(编)者:吴海峰 2016年4月出版 / 估价:69.00元

**河南蓝皮书**
河南文化发展报告（2016）
著(编)者:卫绍生 2016年3月出版 / 定价:78.00元

**河南商务蓝皮书**
河南商务发展报告（2016）
著(编)者:焦锦淼 穆荣国 2016年4月出版 / 估价:88.00元

**黑龙江产业蓝皮书**
黑龙江产业发展报告（2016）
著(编)者:于渤 2016年10月出版 / 估价:79.00元

**黑龙江蓝皮书**
黑龙江经济发展报告（2016）
著(编)者:朱宇 2016年1月出版 / 定价:79.00元

**黑龙江蓝皮书**
黑龙江社会发展报告（2016）
著(编)者:谢宝禄 2016年1月出版 / 定价:79.00元

**湖南城市蓝皮书**
区域城市群整合（主题待定）
著(编)者:童中贤 韩未名 2016年12月出版 / 估价:79.00元

**湖南蓝皮书**
2016年湖南产业发展报告
著(编)者:梁志峰 2016年5月出版 / 估价:98.00元

**湖南蓝皮书**
2016年湖南电子政务发展报告
著(编)者:梁志峰 2016年5月出版 / 估价:98.00元

**湖南蓝皮书**
2016年湖南经济展望
著(编)者:梁志峰 2016年5月出版 / 估价:128.00元

**湖南蓝皮书**
2016年湖南两型社会与生态文明发展报告
著(编)者:梁志峰 2016年5月出版 / 估价:98.00元

**湖南蓝皮书**
2016年湖南社会发展报告
著(编)者:梁志峰 2016年5月出版 / 估价:88.00元

**湖南蓝皮书**
2016年湖南县域经济社会发展报告
著(编)者:梁志峰 2016年5月出版 / 估价:98.00元

**湖南蓝皮书**
湖南城乡一体化发展报告（2016）
著(编)者:陈文胜 刘祚祥 邝奕轩 等
2016年7月出版 / 估价:89.00元

**湖南县域绿皮书**
湖南县域发展报告 NO.3
著(编)者:袁准 周小毛 2016年9月出版 / 估价:69.00元

**沪港蓝皮书**
沪港发展报告（2015～2016）
著(编)者:尤安山 2016年4月出版 / 估价:89.00元

**京津冀金融蓝皮书**
京津冀金融发展报告（2015）
著(编)者:王爱俭 李向前 2016年3月出版 / 定价:89.00元

**吉林蓝皮书**
2016年吉林经济社会形势分析与预测
著(编)者:马克 2015年12月出版 / 定价:79.00元

**吉林省城市竞争力蓝皮书**
吉林省城市竞争力报告（2015）
著(编)者:崔岳春 张磊 2016年3月出版 / 定价:69.00元

**济源蓝皮书**
济源经济社会发展报告（2016）
著(编)者:喻新安 2016年4月出版 / 估价:69.00元

**健康城市蓝皮书**
北京健康城市建设研究报告（2016）
著(编)者:王鸿春 2016年4月出版 / 估价:79.00元

**江苏法治蓝皮书**
江苏法治发展报告 NO.5（2016）
著(编)者:李力 龚廷泰 2016年9月出版 / 估价:98.00元

**江西蓝皮书**
江西经济社会发展报告（2016）
著(编)者:张勇 姜玮 梁勇 2016年10月出版 / 估价:79.00元

**江西文化产业蓝皮书**
江西文化产业发展报告（2016）
著(编)者:张圣才 汪春翔 2016年10月出版 / 估价:128.00元

**经济特区蓝皮书**
中国经济特区发展报告（2016）
著(编)者:陶一桃 2016年12月出版 / 估价:89.00元

**辽宁蓝皮书**
2016年辽宁经济社会形势分析与预测
著(编)者:曹晓峰 梁启东
2016年1月出版 / 定价:79.00元

**拉萨蓝皮书**
拉萨法治发展报告（2016）
著(编)者:车明怀 2016年7月出版 / 估价:79.00元

**洛阳蓝皮书**
洛阳文化发展报告（2016）
著(编)者:刘福兴 陈启明 2016年7月出版 / 估价:79.00元

**南京蓝皮书**
南京文化发展报告（2016）
著(编)者:徐宁 2016年12月出版 / 估价:79.00元

**内蒙古蓝皮书**
内蒙古反腐倡廉建设报告 NO.2
著(编)者:张志华 无极 2016年12月出版 / 估价:69.00元

**浦东新区蓝皮书**
上海浦东经济发展报告（2016）
著(编)者:沈开艳 周奇 2016年1月出版 / 定价:69.00元

**青海蓝皮书**
2016年青海经济社会形势分析与预测
著(编)者:陈玮 2015年12月出版 / 定价:79.00元

**人口与健康蓝皮书**
深圳人口与健康发展报告（2016）
著(编)者:陆杰华 罗乐宣 苏杨
2016年11月出版 / 估价:89.00元

**山东蓝皮书**
山东经济形势分析与预测（2016）
著(编)者:李广杰 2016年11月出版 / 估价:89.00元

**山东蓝皮书**
山东社会形势分析与预测（2016）
著(编)者:涂可国 2016年6月出版 / 估价:89.00元

**山东蓝皮书**
山东文化发展报告（2016）
著(编)者:张华 唐洲雁 2016年6月出版 / 估价:98.00元

**山西蓝皮书**
山西资源型经济转型发展报告（2016）
著(编)者:李志强 2016年5月出版 / 估价:89.00元

**陕西蓝皮书**
陕西经济发展报告（2016）
著(编)者:任宗哲 白宽犁 裴成荣
2015年12月出版 / 定价:69.00元

**陕西蓝皮书**
陕西社会发展报告（2016）
著(编)者:任宗哲 白宽犁 牛昉
2015年12月出版 / 定价:69.00元

**陕西蓝皮书**
陕西文化发展报告（2016）
著(编)者:任宗哲 白宽犁 王长寿
2015年12月出版 / 定价:69.00元

**陕西蓝皮书**
丝绸之路经济带发展报告（2015~2016）
著(编)者:任宗哲 白宽犁 谷孟宾
2015年12月出版 / 定价:75.00元

**上海蓝皮书**
上海传媒发展报告（2016）
著(编)者:强荧 焦雨虹 2016年1月出版 / 定价:79.00元

**上海蓝皮书**
上海法治发展报告（2016）
著(编)者:叶青 2016年5月出版 / 估价:69.00元

**上海蓝皮书**
上海经济发展报告（2016）
著(编)者:沈开艳 2016年1月出版 / 定价:79.00元

**上海蓝皮书**
上海社会发展报告（2016）
著(编)者:杨雄 周海旺 2016年1月出版 / 定价:79.00元

**上海蓝皮书**
上海文化发展报告（2016）
著(编)者:荣跃明 2016年1月出版 / 定价:79.00元

**上海蓝皮书**
上海文学发展报告（2016）
著(编)者:陈圣来 2016年5月出版 / 估价:69.00元

**上海蓝皮书**
上海资源环境发展报告（2016）
著(编)者:周冯琦 汤庆合 任文伟
2016年1月出版 / 定价:79.00元

**上饶蓝皮书**
上饶发展报告（2015～2016）
著(编)者:朱寅健 2016年5月出版 / 估价:128.00元

**社会建设蓝皮书**
2016年北京社会建设分析报告
著(编)者:宋贵伦 冯虹 2016年7月出版 / 估价:79.00元

**深圳蓝皮书**
深圳法治发展报告（2016）
著(编)者:张骁儒 2016年5月出版 / 估价:69.00元

**深圳蓝皮书**
深圳经济发展报告（2016）
著(编)者:张骁儒 2016年6月出版 / 估价:89.00元

**深圳蓝皮书**
深圳劳动关系发展报告（2016）
著(编)者:汤庭芬 2016年6月出版 / 估价:79.00元

**深圳蓝皮书**
深圳社会建设与发展报告（2016）
著(编)者:张骁儒 陈东平 2016年6月出版 / 估价:79.00元

**深圳蓝皮书**
深圳文化发展报告(2016)
著(编)者:张骁儒 2016年5月出版 / 估价:69.00元

**四川法治蓝皮书**
四川依法治省年度报告 NO.2(2016)
著(编)者:李林 杨天宗 田禾
2016年3月出版 / 定价:108.00元

**四川蓝皮书**
2016年四川经济形势分析与预测
著(编)者:杨钢 2016年1月出版 / 定价:98.00元

**四川蓝皮书**
四川城镇化发展报告(2016)
著(编)者:侯水平 陈炜 2016年4月出版 / 定价:75.00元

**四川蓝皮书**
四川法治发展报告(2016)
著(编)者:郑泰安 2016年5月出版 / 估价:69.00元

**四川蓝皮书**
四川企业社会责任研究报告(2015~2016)
著(编)者:侯水平 盛毅 2016年4月出版 / 估价:79.00元

**四川蓝皮书**
四川社会发展报告(2016)
著(编)者:郭晓鸣 2016年4月出版 / 估价:79.00元

**四川蓝皮书**
四川生态建设报告(2016)
著(编)者:李晟之 2016年4月出版 / 估价:79.00元

**四川蓝皮书**
四川文化产业发展报告(2016)
著(编)者:向宝云 张立伟 2016年4月出版 / 定价:79.00元

**体育蓝皮书**
上海体育产业发展报告(2015~2016)
著(编)者:张林 黄海燕 2016年10月出版 / 估价:79.00元

**体育蓝皮书**
长三角地区体育产业发展报告(2015~2016)
著(编)者:张林 2016年4月出版 / 估价:79.00元

**天津金融蓝皮书**
天津金融发展报告(2016)
著(编)者:王爱俭 孔德昌 2016年9月出版 / 估价:89.00元

**图们江区域合作蓝皮书**
图们江区域合作发展报告(2016)
著(编)者:李铁 2016年4月出版 / 估价:98.00元

**温州蓝皮书**
2016年温州经济社会形势分析与预测
著(编)者:潘忠强 王春光 金浩 2016年4月出版 / 估价:69.00元

**扬州蓝皮书**
扬州经济社会发展报告(2016)
著(编)者:丁纯 2016年12月出版 / 估价:89.00元

**长株潭城市群蓝皮书**
长株潭城市群发展报告(2016)
著(编)者:张萍 2016年10月出版 / 估价:69.00元

**郑州蓝皮书**
2016年郑州文化发展报告
著(编)者:王哲 2016年9月出版 / 估价:65.00元

**中医文化蓝皮书**
北京中医药文化传播发展报告(2016)
著(编)者:毛嘉陵 2016年5月出版 / 估价:79.00元

**珠三角流通蓝皮书**
珠三角商圈发展研究报告(2016)
著(编)者:王先庆 林至颖 2016年7月出版 / 估价:98.00元

**遵义蓝皮书**
遵义发展报告(2016)
著(编)者:曾征 龚永育 2016年12月出版 / 估价:69.00元

# 国别与地区类

**阿拉伯黄皮书**
阿拉伯发展报告(2015~2016)
著(编)者:罗林 2016年11月出版 / 估价:79.00元

**北部湾蓝皮书**
泛北部湾合作发展报告(2016)
著(编)者:吕余生 2016年10月出版 / 估价:69.00元

**大湄公河次区域蓝皮书**
大湄公河次区域合作发展报告(2016)
著(编)者:刘稚 2016年9月出版 / 估价:79.00元

**大洋洲蓝皮书**
大洋洲发展报告(2015~2016)
著(编)者:喻常森 2016年10月出版 / 估价:89.00元

**德国蓝皮书**
德国发展报告(2016)
著(编)者:郑春荣 伍慧萍
2016年5月出版 / 估价:69.00元

**东北亚黄皮书**
东北亚地区政治与安全(2016)
著(编)者:黄凤志 刘清才 张慧智 等
2016年5月出版 / 估价:69.00元

**东盟黄皮书**
东盟发展报告(2016)
著(编)者:杨晓强 庄国土 2016年3月出版 / 定价:89.00元

**东南亚蓝皮书**
东南亚地区发展报告（2015～2016）
著(编)者:厦门大学东南亚研究中心　王勤
2016年4月出版 / 估价:79.00元

**俄罗斯黄皮书**
俄罗斯发展报告（2016）
著(编)者:李永全　2016年7月出版 / 估价:79.00元

**非洲黄皮书**
非洲发展报告 NO.18（2015～2016）
著(编)者:张宏明　2016年9月出版 / 估价:79.00元

**国际形势黄皮书**
全球政治与安全报告（2016）
著(编)者:李慎明　张宇燕
2015年12月出版 / 定价:69.00元

**韩国蓝皮书**
韩国发展报告（2016）
著(编)者:牛林杰 刘宝全
2016年12月出版 / 估价:89.00元

**加拿大蓝皮书**
加拿大发展报告（2016）
著(编)者:仲伟合　2016年4月出版 / 估价:89.00元

**拉美黄皮书**
拉丁美洲和加勒比发展报告（2015～2016）
著(编)者:吴白乙　2016年5月出版 / 估价:89.00元

**美国蓝皮书**
美国研究报告（2016）
著(编)者:郑秉文　黄平
2016年6月出版 / 估价:89.00元

**缅甸蓝皮书**
缅甸国情报告（2016）
著(编)者:李晨阳　2016年8月出版 / 估价:79.00元

**欧洲蓝皮书**
欧洲发展报告（2015～2016）
著(编)者:周弘 黄平 江时学
2016年7月出版 / 估价:89.00元

**日本经济蓝皮书**
日本经济与中日经贸关系研究报告（2016）
著(编)者:王洛林 张季风
2016年5月出版 / 估价:79.00元

**日本蓝皮书**
日本研究报告（2016）
著(编)者:李薇　2016年5月出版 / 估价:69.00元

**上海合作组织黄皮书**
上海合作组织发展报告（2016）
著(编)者:李进峰 吴宏伟 李伟
2016年7月出版 / 估价:98.00元

**世界创新竞争力黄皮书**
世界创新竞争力发展报告（2016）
著(编)者:李闽榕 李建平 赵新力
2016年5月出版 / 估价:148.00元

**土耳其蓝皮书**
土耳其发展报告（2016）
著(编)者:郭长刚 刘义　2016年7月出版 / 估价:69.00元

**亚太蓝皮书**
亚太地区发展报告（2016）
著(编)者:李向阳　2016年5月出版 / 估价:69.00元

**印度蓝皮书**
印度国情报告（2016）
著(编)者:吕昭义　2016年5月出版 / 估价:89.00元

**印度洋地区蓝皮书**
印度洋地区发展报告（2016）
著(编)者:汪戎　2016年5月出版 / 估价:89.00元

**英国蓝皮书**
英国发展报告（2015～2016）
著(编)者:王展鹏　2016年10月出版 / 估价:89.00元

**越南蓝皮书**
越南国情报告（2016）
著(编)者:广西社会科学院 罗梅 李碧华
2016年8月出版 / 估价:69.00元

**越南蓝皮书**
越南经济发展报告（2016）
著(编)者:黄志勇　2016年10月出版 / 估价:69.00元

**以色列蓝皮书**
以色列发展报告（2016）
著(编)者:张倩红　2016年9月出版 / 估价:89.00元

**中东黄皮书**
中东发展报告 NO.18（2015～2016）
著(编)者:杨光　2016年10月出版 / 估价:89.00元

**中亚黄皮书**
中亚国家发展报告（2016）
著(编)者:孙力 吴宏伟　2016年8月出版 / 估价:89.00元

## 皮书起源

“皮书”起源于十七、十八世纪的英国，主要指官方或社会组织正式发表的重要文件或报告，多以“白皮书”命名。在中国，“皮书”这一概念被社会广泛接受，并被成功运作、发展成为一种全新的出版形态，则源于中国社会科学院社会科学文献出版社。

## 皮书定义

皮书是对中国与世界发展状况和热点问题进行年度监测，以专业的角度、专家的视野和实证研究方法，针对某一领域或区域现状与发展态势展开分析和预测，具备原创性、实证性、专业性、连续性、前沿性、时效性等特点的公开出版物，由一系列权威研究报告组成。

## 皮书作者

皮书系列的作者以中国社会科学院、著名高校、地方社会科学院的研究人员为主，多为国内一流研究机构的权威专家学者，他们的看法和观点代表了学界对中国与世界的现实和未来最高水平的解读与分析。

## 皮书荣誉

皮书系列已成为社会科学文献出版社的著名图书品牌和中国社会科学院的知名学术品牌。2011 年，皮书系列正式列入“十二五”国家重点出版规划项目；2012~2015 年，重点皮书列入中国社会科学院承担的国家哲学社会科学创新工程项目；2016 年，46 种院外皮书使用“中国社会科学院创新工程学术出版项目”标识。

# 中国皮书网

www.pishu.cn

发布皮书研创资讯，传播皮书精彩内容
引领皮书出版潮流，打造皮书服务平台

## 栏目设置：

- □ 资讯：皮书动态、皮书观点、皮书数据、皮书报道、皮书发布、电子期刊
- □ 标准：皮书评价、皮书研究、皮书规范
- □ 服务：最新皮书、皮书书目、重点推荐、在线购书
- □ 链接：皮书数据库、皮书博客、皮书微博、在线书城
- □ 搜索：资讯、图书、研究动态、皮书专家、研创团队

中国皮书网依托皮书系列“权威、前沿、原创”的优质内容资源，通过文字、图片、音频、视频等多种元素，在皮书研创者、使用者之间搭建了一个成果展示、资源共享的互动平台。

自 2005 年 12 月正式上线以来，中国皮书网的 IP 访问量、PV 浏览量与日俱增，受到海内外研究者、公务人员、商务人士以及专业读者的广泛关注。

2008 年、2011 年，中国皮书网均在全国新闻出版业网站荣誉评选中获得“最具商业价值网站”称号；2012 年，获得“出版业网站百强”称号。

2014 年，中国皮书网与皮书数据库实现资源共享，端口合一，将提供更丰富的内容，更全面的服务。

# 皮书大事记
# （2015）

☆ 2015年11月9日，社会科学文献出版社2015年皮书编辑出版工作会议召开，会议就皮书装帧设计、生产营销、皮书评价以及质检工作中的常见问题等进行交流和讨论，为2016年出版社的融合发展指明了方向。

☆ 2015年11月，中国社会科学院2015年度纳入创新工程后期资助名单正式公布，《社会蓝皮书：2015年中国社会形势分析与预测》等41种皮书纳入2015年度“中国社会科学院创新工程学术出版资助项目”。

☆ 2015年8月7~8日，由中国社会科学院主办，社会科学文献出版社和湖北大学共同承办的“第十六次全国皮书年会（2015）：皮书研创与中国话语体系建设”在湖北省恩施市召开。中国社会科学院副院长李培林，国家新闻出版广电总局原副总局长、中国出版协会常务副理事长邬书林，湖北省委宣传部副部长喻立平，中国社会科学院科研局局长马援，国家新闻出版广电总局出版管理司副司长许正明，中共恩施州委书记王海涛，社会科学文献出版社社长谢寿光，湖北大学党委书记刘建凡等相关领导出席开幕式。来自中国社会科学院、地方社会科学院及高校、政府研究机构的领导及近200个皮书课题组的380多人出席了会议，会议规模又创新高。会议宣布了2016年授权使用“中国社会科学院创新工程学术出版项目”标识的院外皮书名单，并颁发了第六届优秀皮书奖。

☆ 2015年4月28日，“第三届皮书学术评审委员会第二次会议暨第六届优秀皮书奖评审会”在京召开。中国社会科学院副院长李培林、蔡昉出席会议并讲话，国家新闻出版广电总局原副局长、中国出版协会常务副理事长邬书林也出席本次会议。会议分别由中国社会科学院科研局局长马援和社会科学文献出版社社长谢寿光主持。经分学科评审和大会汇评，最终匿名投票评选出第六届“优秀皮书奖”和“优秀皮书报告奖”书目。此外，该委员会还根据《中国社会科学院皮书管理办法》，审议并投票评选出2015年纳入中国社会科学院创新工程项目的皮书和2016年使用“中国社会科学院创新工程学术出版项目”标识的院外皮书。

☆ 2015年1月30~31日，由社会科学文献出版社皮书研究院组织的2014年版皮书评价复评会议在京召开。皮书学术评审委员会部分委员、相关学科专家、学术期刊编辑、资深媒体人等近50位评委参加本次会议。中国社会科学院科研局局长马援、社会科学文献出版社社长谢寿光出席开幕式并发表讲话，中国社会科学院科研成果处处长薛增朝出席闭幕式并做发言。

# 皮书数据库
# www.pishu.com.cn

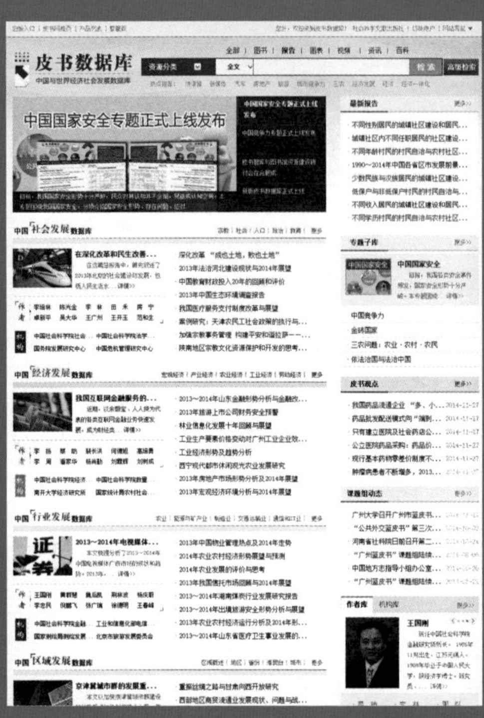


## 皮书数据库三期

- 皮书数据库（SSDB）是社会科学文献出版社整合现有皮书资源开发的在线数字产品，全面收录“皮书系列”的内容资源，并以此为基础整合大量相关资讯构建而成。

- 皮书数据库现有中国经济发展数据库、中国社会发展数据库、世界经济与国际政治数据库等子库，覆盖经济、社会、文化等多个行业、领域，现有报告30000多篇，总字数超过5亿字，并以每年4000多篇的速度不断更新累积。

- 新版皮书数据库主要围绕存量+增量资源整合、资源编辑标引体系建设、产品架构设置优化、技术平台功能研发等方面开展工作，并将中国皮书网与皮书数据库合二为一联体建设，旨在以“皮书研创出版、信息发布与知识服务平台”为基本功能定位，打造一个全新的皮书品牌综合门户平台，为您提供更优质更到位的服务。

## 更多信息请登录

中国皮书网的BLOG [编辑]
http://blog.sina.com.cn/pishu

中国皮书网
http://www.pishu.cn

皮书微博
http://weibo.com/pishu

皮书博客
http://blog.sina.com.cn/pishu

皮书微信
皮书说

## 请到各地书店皮书专架 / 专柜购买，也可办理邮购

咨询 / 邮购电话：010-59367028　59367070　　邮　　箱：duzhe@ssap.cn
邮购地址：北京市西城区北三环中路甲29号院3号楼华龙大厦13层读者服务中心
邮　　编：100029
银行户名：社会科学文献出版社
开户银行：中国工商银行北京北太平庄支行
账　　号：0200010019200365434
网上书店：010-59367070　qq：1265056568
网　　址：www.ssap.com.cn　　www.pishu.cn